实用教与学技术工具

郑燕林　林秀钦　编

国家开放大学出版社·北京

图书在版编目（CIP）数据

实用教与学技术工具 / 郑燕林，林秀钦编．—北京：中央广播电视大学出版社，2015.8（2022.10 重印）

ISBN 978-7-304-07233-9

Ⅰ.①实…　Ⅱ.①郑…　②林…　Ⅲ.①教学技术—开放大学—教材　Ⅳ.①G424

中国版本图书馆 CIP 数据核字（2015）第 159742 号

实用教与学技术工具

SHIYONG JIAO YU XUE JISHU GONGJU

郑燕林　林秀钦　编

出版·发行：国家开放大学出版社（原中央广播电视大学出版社）

电话：营销中心 010－68180820　　总编室 010－68182524

网址：http://www.crtvup.com.cn

地址：北京市海淀区西四环中路 45 号　　**邮编**：100039

经销：新华书店北京发行所

策划编辑：安　薇　　**版式设计**：赵　洋

责任编辑：宋　莹　　**责任校对**：张　娜

责任印制：武　鹏　马　严

印刷：北京机工印刷厂有限公司　　**印数**：6001～6500

版本：2015 年 8 月第 1 版　　2022 年 10 月第 3 次印刷

开本：787mm×1092mm　1/16　　**印张**：8　　**字数**：178 千字

书号：ISBN 978－7－304－07233－9

定价：15.00 元

（如有缺页或倒装，本社负责退换）

意见及建议：OUCP_KFJY@ouchn.edu.cn

PREFACE　前言

技术应用对教学的优化与变革具有重要的推进作用。本书主要为中小学教师推介教学实践领域的实用技术工具，帮助教师在教学中快速、有效地整合技术，达到优化教学效果、提升教学质量并促进自身专业化发展的目的。

本书内容分为六章，以教师在实际教学情境下对技术工具的需求为主线进行编排，关注技术工具在教学变革与优化（第一章，技术、教学与终身学习）、教师教学资源与终身学习获取与管理（第二章，数字化资源的获取与管理）、多媒体课件优化与制作（第三章，多媒体课件的快速优化与集成）、微课程设计与制作（第四章，微课程的设计与开发）、在线教学（第五章，在线教学实用技术）及支持教学管理与分析（第六章，其他常用教学辅助技术）等方面的应用。

为突出技术应用在解决教学疑难问题中的新思路、新方法、新理念等，拓展教师教学技术的应用视野，本书在内容组织与结构编排上做了一些新的尝试，包括插入知识导图、学习提示、拓展阅读、学习活动等，希望能够帮助广大中小学教师更好地应用技术工具来优化教学、开展创新教学。同时，为了更好地介绍一些重要软件的核心操作步骤，也为了支持读者通过移动终端来学习本教材内容，教材中还采用了二维码的方式来推送部分操作类内容。使用时，您只需使用手机上的二维码扫描软件（或微信里的“扫一扫”）扫描教材上印刷的二维码图片，即可获得相关的学习内容。

本书最终定稿是集体共同努力的成果。郑燕林、林秀钦全面负责本书的整体设计、协调和统稿工作，其中，第一章、第四章、第六章由郑燕林编写，第二章、第三章、第五章由林秀钦编写。审阅本书的专家、老师为本书大纲拟定和定稿提供了许多宝贵的建议，博士研究生阮士桂，硕士研究生黄燕玲、庞洁、武琼、杨佳妮、李金爽、孙彬、秦智楠为本书所涉及的各种技术工具的筛选与试用、资料的搜集与整理、二维码内容的编制与完善做出了大量的努力，在此一并表示感谢。

由于编者能力有限，书中难免存在错误与疏漏，恳请广大读者批评指正。祝愿大家在技术工具的教学应用中获得更多的乐趣！

郑燕林　林秀钦

2015年3月

CONTENTS 目　录

第一章

技术、教学与终身学习

学习背景

技术正在改变我们的世界。技术在教育教学领域得到了越来越多的应用，不但为教育教学提供了新的手段与资源，也在不断地改变我们对教学和学生的认识，变革我们的教育教学模式。那么，技术都给我们的教学带来了什么变化？作为教师，我们可从中获得哪些启示？本章将通过对这些问题的讨论，帮助您进一步认识技术对于推进教育信息化、深化教育教学变革、提升教育教学质量的重要价值，了解技术与教师的教学、学生的学习以及教师终身学习之间的关系。

学习目标

1. 能够认识技术与教师的教的关系；
2. 能够认识技术与学生的学的关系；
3. 能够认识技术与教师终身学习的关系。

本章内容导图

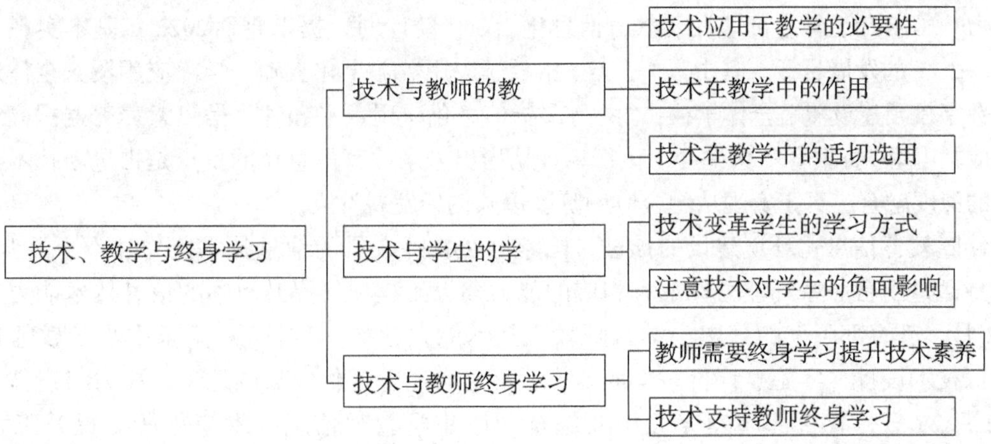

第一节　技术与教师的教

一、技术应用于教学的必要性

1. 教育信息化的要求

自从20世纪90年代以来，我国就开始关注教育信息化对教育教学改革的重要作用，将教育信息化界定为“在教育领域全面深入地运用现代信息技术来促进教育改革与发展的过程”。其根本目标是促进教育改革与发展，强调学科课程的深入应用，并不是为了追求信息化而引入信息技术；并且，教育信息化是一个长期的过程，需要教师处于终身学习的状态，不断地关注新技术在教育教学中的应用，追求教育信息化背景下教育教学效果的最优化。

在2010年7月发布的《国家中长期教育规划纲要》第十九章“加快教育信息化进程”中也明确提出，要“加快教育信息化基础设施建设、加强优质教育资源开发与应用”，其中重点强调了信息技术在教学中的应用，要求“提高教师应用信息技术水平，更新教学观念，改进教学方法，提高教学效果。鼓励学生利用信息手段主动学习、自主学习，增强运用信息技术分析解决问题能力”。2012年3月教育部发布的《教育信息化十年发展规划（2011—2020）》提出“以教育信息化带动教育现代化，破解制约我国教育发展的难题，促进教育的创新与变革，是加快从教育大国向教育强国迈进的重大战略抉择。教育信息化充分发挥现代信息技术优势，注重信息技术与教育的全面深度融合，在促进教育公平和实现优质教育资源广泛共享、提高教育质量和建设学习型社会、推动教育理念变革和培养具有国际竞争力的创新人才等方面具有独特的重要作用，是实现我国教育现代化宏伟目标不可或缺的动力与支撑”。该规划明确界定了基础教育阶段的教育信息化目标，即“缩小基础教育数字鸿沟，促进优质教育资源共享”。其中包括三个细化目标：缩小数字化差距；推进信息技术与教学融合；培养学生信息化环境下的学习能力。2018年，教育部印发《教育信息化2.0行动计划》提出要到2022年基本实现“三全两高一大”的发展目标。其中，“三全”指教学应用覆盖全体教师、学习应用覆盖全体适龄学生、数字校园建设覆盖全体学校；“两高”指信息化应用水平和师生信息素养普遍提高；一大指建成“互联网+教育”大平台。该行动计划指出未来教育信息化的重点是推进新技术与教育教学的深度融合，真正实现从融合应用阶段迈入创新发展阶段。

伴随教育信息化环境建设的推进，国家也在教师人员的信息技术能力建设上逐步推进，尤其是通过出台一系列能力标准和相应的能力建设工程项目提升教师的信息技术能力。2004年12月，教育部下发的《中小学教师教育技术能力标准（试行）》要求中小学教师具备应用信息技术设计、实施、评价教学的能力，促进自身专业化成长的意识、能力与责任。2013年10月25日，教育部印发《关于实施全国中小学教师信息技术应用能力提升工程的意见》，要求建立教师信息技术应用能力标准体系，按照教师需求实施全员培训，推行符合信息技术特点的培训新模式，遴选一线教师满意的培训资源，开展教师信息技术应用能力测评，推动教师主动应用信息技术，加强组织保障以确保提升工程取得实效。2019 年，教育部发布《关于实施全国中小学教师信息技术应用能力提升工程 2.0 的意见》，提出到 2022 年，构建以校为本、基于课堂、应用驱动、注重创新、精准测评的教师信息素养发展新机制，通过示范项目带动各地开展教师信息技术应用能力培训（每人 5 年不少于 50 学时，其中实践应用学时不少于 50%），基本实现“三提升一全面”的总体发展目标：校长信息化领导力、教师信息化教学能力、培训团队信息化指导能力显著提升，全面促进信息技术与教育教学融合创新发展。

不仅是我国，世界各国从政府到教育机构，都在推进教育信息化的建设。Web 2.0 技术、物联网技术、大数据分析技术等得到快速发展，网上的优秀资源、免费资源越来越多。如何在教学中用好它们，如何面对不断变化的学生需求，成为政府、教育机构和教师共同面临的挑战。

教育信息化离不开对信息技术的充分利用。近年来，随着信息技术的发展，尤其是 Web 2.0 技术、物联网技术、大数据分析技术等新兴信息技术的发展，在教育教学中有效地应用信息技术成为教师充分利用教育信息化资源、迎接教育信息化挑战、推动教育信息化发展，并最终深化教育教学改革、提升教育教学质量的重要路径。

2. 教师专业发展的要求

身处信息时代，教师的专业发展也离不开信息技术的应用。一方面，信息化带来教师职业状态的新变化，教师需要掌握信息技术去适应这些变化。教师所处的教育环境，无论是教学的环境设施，信息资源的形态与数量，还是周围教师的专业素养，教学的工具，工作的方式，教师的角色，对外合作与交流等，都发生了变化。另一方面，信息技术可以加速教师专业发展的进程，具体来说，信息技术可以帮助教师实施创新教学，提高教师知识更新的速度，可以帮助教师建立更多的资源获取通道和人际交流通道，可以让教师更好地记录和反思自己的教学，等等。可以说，信息时代对教师的“信息化教学能力”要求凸显。

通过上述分析，我们发现，无论是为了教育信息化的发展，还是为了教师的专业化发展，都要求教师具备在教学中主动、有效应用信息技术的意识，掌握基本的教育信息技术应用技能，具备在教学中深入应用信息技术以促进教学效果最优化的能力。

资源推荐

2014 年 11 月，美国总统奥巴马在白宫召开地区负责人会议，宣布了“面向未来宣言”（Future Ready Pledge）。根据该宣言，为推动现代化教育的发展，美国将利用 MOOC① 培

① MOOC（Massive Open Online Courses），即大型开放式在线课程，起源于 2012 年。当时美国的顶尖大学陆续设立网络学习平台，在网上提供免费课程，之后兴起了 Coursera、Udacity、edX 三大课程提供商，给更多学生提供了系统、免费、在线学习的可能。

训教师。

奥巴马说："教师要知道如何让基于项目的个性化学习生动有趣，他们需要一系列的职业培训。如果教室里没有一位能跟得上潮流的老师，那么所有的无线上网设备和先进的教学软件都无法发挥它们的作用。"

二、技术在教学中的作用

1. 信息技术在教学中的作用对象

技术可以作用于教学中的不同要素（包括教师、学生、教学内容、教学媒体等）——可以用于支持学生的学，可以用于支持教师的教，可以支持教学中的教学内容与拓展资源的建设，可以提供教学媒体以支持教学信息的传输与呈现，可以提供交流媒体以支持师生互动，等等。

技术可以作用于教学中的不同环节——可以用来构成一个全面的信息化教育环境，也可以用于支持实际教学过程中的某一个环节，比如可以用于情境导入环节、新课讲解环节、巩固总结环节，或用于教学中的演示环节、学生合作学习环节，还可以用于支持与教学相关的准备环节（比如利用信息技术制作信息化教学资源）。

技术在教育教学中可以扮演不同的角色：可以扮演教师的备课帮手、教学助手；可以扮演学生的学习伙伴、学习工具；可以扮演教与学效果的评价者；可以扮演教与学的资源提供者（资源库）。

2. 信息技术在教学中的作用方式

按功能的不同，教学中涉及的技术工具可以分为信息获取工具（比如搜索引擎工具）、信息表达工具（比如多媒体）、信息处理工具（比如 MS Office、SPSS）、信息传输技术（比如网络广播工具）、信息交流与共享工具（比如在线交流工具、协同工作平台）、知识管理工具（比如社会性书签、360 图书馆）、信息存储技术（比如网络云存储工具）等。

第一，技术的介入可以为教学提供丰富的数字化资源。数字化资源，可以整合文字、图形、动画、图像、声音、视频等多种学习内容，图文并茂，丰富多彩，可以促发学生的多种感官学习；数字化资源超文本、超链接的组织方式，类似于人脑的联想思维方式，也有利于使各种教学资源的联系更为紧密，更方便学生学习时提取与分享。

第二，技术可以丰富师生互动、生生互动方式。传统教育的教学交流大都局限于课堂中的面对面交流，而随着网络技术特别是 Web 2.0 社交媒体的发展应用，师生间的交流在如电子邮件、论坛、博客、微博、微信、QQ、飞信、视频会议系统等工具的支持下变得更加丰富多样、跨时空、个性化。师生可利用这些网络工具即时交流信息、共享资源、开展课外学习活动等。

第三，技术可以支持方便、快速的资源存储，实现资源共享。近年来，随着云计算技术的发展，以及云平台的建设与功能的不断完善，出现了丰富的云存储工具，它们不但支持大容量信息资源的存储，也允许用户随时随地提取、分享信息。目前常用的云技术存储工具有百度云盘、有道云笔记、360 云收藏等。教师和学生将文件存储在云存储工具上后，可以在不使用 U 盘、移动硬盘等硬件设备的情况下，通过访问互联网存取文件，使用方便。很多云存储工具还可以随时与手机、笔记本、iPad 等多种设备同步，支持用户跨平台、跨设备存储与利用信息。

第四，技术可以创设多样化的学习环境，可以通过多种技术工具的整合或学习平台的应用，为学生创建不同的学习环境，比如创建开展个性化学习、小组协同学习、探究学习、移动学习的环境。

技术的介入可以创设丰富的教学情境，变革教学模式，促进教育变革。著名未来学家尼古拉斯·尼葛洛庞帝（Nicholas Negroponte）在其著作《数字化生存》（1996）中指出："在我们的社会，有学习障碍的学生可能远没有我们想象的那么多，倒是有障碍的教学环境之多远远超出了我们的想象。"技术的介入有望为学生提供个性化的、丰富的教学情境，有利于开展个性化学习与协同学习。例如，近几年非常受关注的"翻转课堂"教学模式就通过对微视频的巧妙应用颠覆性地变革了传统面授教学情境下的"教师课上教、学生课上学、课后巩固"的教学方式，教师的知识点讲解被录制成微视频供学生在课外自主学习，而在课堂上主要通过讨论、答疑、探究等实现能力培养。

在本教材中，我们根据技术工具发挥的教学效用，介绍五类技术工具的应用，包括：数字化资源的获取与管理，多媒体课件的快速优化与集成，微课程的设计和开发，在线教学实用技术，其他常用教学辅助工具，如图 1-1-1 所示。

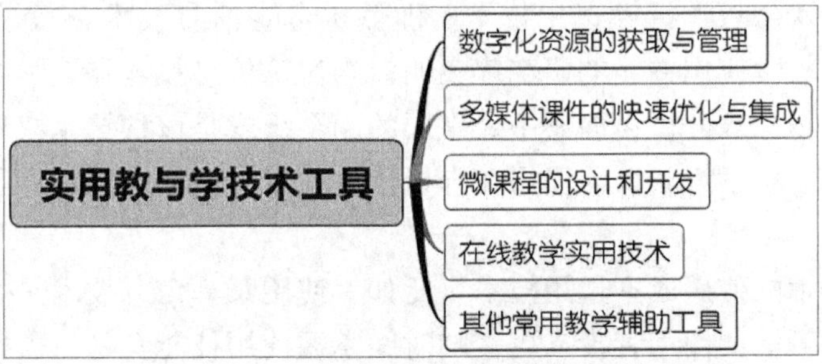

图 1-1-1　技术工具的应用

三、技术在教学中的适切选用

适切选用技术是教师应用技术优化教育教学的基本前提。教师应充分认识到，构建技术支持的教育教学情境与模式并不是否定传统教育模式，其目标并不是体现信息技术的技术先进性，更不是要违背教育工作者在长期发展过程中发现与总结的教育本质与客观规律，而是顺应人的发展需求，借助信息时代的技术便捷性，充分发挥技术的教学功用，为学生提供个性化的学习空间与资源，更好地实现个性化发展、全面发展与全员发展。为了能适切选用技术，优化教与学，教师须始终立足于人的发展本质以及教育教学的本质需求，从信息技术与人的发展出发，深入分析信息技术支持的学习方式的本质特征，研究信息技术与教育教学相互作用的机制，探索信息技术支持的教育教学模式的基本特征和最佳实践经验。

第一，根据具体的教学目标分析选用技术。即根据某一具体的教学过程，针对具体的教学目标，分析信息技术用于当前教学过程要解决什么问题。比如，是用于情景导入，还是用于展示内容细节，是为了交流与互动，还是用于教学评价？是用于支持学生的学习活动，还是用于支持教师的教学活动？

第二，根据教学内容表达与传递的需求选用技术。即通过分析学科知识内容来选择使用何种技术媒体。如何选择？要以媒体表征的效果、内容传输的及时性（传播速度）、传播规模、交互功能为主要选择指标。比如，对于某一知识点，要考虑：以怎样的技术媒体来表现才能更好地表征它的关键概念、概念之间的关联？如何设置文本、图片、视频的比例才合适？在内容学习过程中、内容学习后，是否需要设计交流与互动环节？知识内容需要同时发送给多少名学生？

第三，根据师生的特征与技能水平选用技术。即注重分析学生和教师偏好何种信息技术，学生和教师与他人的交互特点是什么，学生和教师具有何种信息技术使用技能。

第四，根据技术本身的功能与特征分析选用技术。技术的功能与特征分析主要包括分析信息技术本身的呈现力、重现力、接触面、参与性、可控性分析，分析信息技术之间的兼容性，分析信息技术的安全性与可靠性，分析信息技术本身可以用于建立何种多媒体学习环境，等等。

第五，根据技术的教学特性选用技术。即侧重考查信息技术在教学情境下的功能与特征。许多信息技术教学应用方面的研究都表明，当讨论信息技术在教学中的应用时常常需要从多个维度着手进行深入分析，而其中最重要的两个维度是该种技术媒体的信息传输特征以及该种技术所支持的教学策略。因而须在分析信息技术本身功能特征的基础上分析其教学功能与特征。

第六，根据技术的使用成本选用技术。比如，使用某一信息技术是否需要使用者掌握特殊的操作技能？是否需要使用者投入更多的时间掌握使用技能？是否需要使用者有额外的经济投入以安装特殊软件？在对教学内容具有同等表现效果的条件下，使用某种信息技术是否需要比应用别的信息技术手段付出更多的代价？应该尽可能选择简单有效的技术手段，考虑其使用成本，包括经济成本、时间成本与精力成本，让信息技术支持的教学不但有优良的效果，而且有高效率与高效益。

另外，在选用技术的过程中要注意避免以下两个常见误区。

一个常见误区是“被动应用”。被动应用体现在三个方面：一是指教师本身对于在教学过程中应用信息技术的意识是被动的，部分教师还没有认识到信息技术在促进教育教学改革方面的重要作用，在内心比较排斥信息技术的应用；二是技能层面的被动，即教师由于没有掌握信息技术使用的基本技能，无法有效地利用信息技术手段，久而久之便丧失了对信息技术应用的信心；三是过程层面的被动，表现为过于关注信息技术本身的功能与应用过程，过于追求信息技术技巧的完美性，而缺乏对教学过程本质目标与需求的关注。被动的应用让教师难以真正有效地利用信息技术手段。教师在日常教学中应注重了解技术在优化教与学方面的理论指导与前沿实践，不断更新自身对技术应用于教育教学的重要性认识，尽可能避免被动应用技术给自己的教学与学生的学习带来负面影响。

另一个常见误区是“华而不实”，表现为教师过于盲目追求技术媒体的“新”与“全”，将精力过多投入于教学内容以多媒体表达的花哨效果，而忽视了技术对知识学习过程本身的支持，有时甚至违反了学生内部的学习机制与规律。这样容易造成这样一种局面：教师在表演，学生则在看表演；教师在展示自己的多媒体技术技巧，学生则在欣赏多媒体信息；干扰学生注意力的多媒体信息太多，学生很难集中在学习内容上，最终难以保障教学效果。

第二节　技术与学生的学

我国《教育信息化十年发展规划（2011—2020 年）》提出，教育信息化尤其是基础教育信息化的主要任务之一是“培养学生信息化环境下的学习能力”，要求“开展多种方式的信息技术应用活动，鼓励学生利用信息手段主动学习、自主学习、合作学习；培养学生利用信息技术学习的良好习惯；增强学生在网络环境下提出问题、分析问题和解决问题的能力”。技术在教学中的适当应用，有望激发学生的学习兴趣，提升学生的学习参与度，为学生提供多样化的学习工具，有效支持非正式学习与正式学习的无缝整合，能够支持学生在信息化环境下进行独立自主学习与协作学习，促进学生学习方式变革，有利于培养学生在信息化环境下的学习能力。

一、技术变革学生的学习方式

学习方式是学习者根据社会要求和社会条件，以及学习任务和自身特点，在学习过程中所选择的学习模式和学习渠道。学习方式的选择既受到客观条件的限制，也受到主观因素的制约。学习方式体现了学习者在完成学习任务过程中的基本行为特征和认知取向，不仅包括具体的学习方法和学习策略，而且涉及学习风格、学习习惯、学习意识、学习态度等心理因素。信息技术的飞速发展给人类学习带来了系列变化。适当的技术支持可以改善人类的学习，使人类学习变得更便利而有效。

随着计算机技术与网络技术在教学中的广泛应用，基于数字化、网络化学习平台的以个性化学习、自主学习、协作学习、探究式学习、终身化学习为主的学习方式受到了越来越多的关注。教师除了应认识技术在教育教学中的地位之外，还应充分认识信息技术在学生学习中的角色作用，帮助学生正确使用信息技术工具。比如，互联网是一个集技术、信息与社会性于一体的多维复杂网络，它的出现不仅是人类历史上一次大的技术飞跃，也是一次大的人类社会变迁。如今互联网正以前所未有的开放性和互动性创造着新的工作方式、生活方式、学习方式与思维方式。掌握互联网这种现代信息工具，充分利用互联网来优化工作、学习与生活，已经成为现代人必备的一种基本技能。目前，随着中小学校园网建设、家庭上网数目的增多，互联网在中小学学生中已经得到了普遍应用，成为学生常用的信息工具。

知识链接

美国印第安纳大学的柯蒂斯·邦克（Curtis Bonk）教授指出，技术的发展应用将使学生的学习发生28个改变①，如图1-2-1所示，学习的变革将无疑重新定义当今学校和教师的角色与功能。

图1-2-1　柯蒂斯·邦克谈学习的28个改变

技术的适当应用有利于学生主动学习的实现与素质教育的实施。技术支持的学习环境更注重培养学生的学习兴趣与意识，培养学生获取信息、分析信息和处理信息的能力，提高学生的动手操作能力、思维想象能力和创新能力，提高学生适应未来社会竞争和发展的能力；学生可以利用信息工具（手段）主动获得相关的学习信息，使学生在学习过程中不仅掌握知识、技能，更重要的是学会学习的方法，因此有利于以培养学生的创新精神、创造能力为核心的素质教育的实施。

知识链接

“创客行动”（Maker Movement）是美国近几年兴起的鼓励人们利用身边各种物质材料、与计算机相关的设备（比如3D打印机）、程序及其他技术性资源（比如互联网上的开源软

① 焦建利：《柯蒂斯·邦克教授论学习的改变》，教育技术学自留地，http://www.jiaojianli.com/7890.html。

件)，通过自己动手（Do It Yourself，DIY）或者与他人合作（Do It With Others，DIWO）的方式创造出具有独创性的产品的一种行动。“创客行动”基于对技术的应用，又常常面向技术类产品的生成，在当前社会技术不断创新、技术产品不断丰富、强调“技术创新是社会进步的驱动力”的宏观背景下，受到了越来越多的美国研究者与教育机构的关注。2013 年以来，美国众多中小学校开始参与“创客行动”，实施“创客教育”（Maker Education），将“基于创造的学习”（Learning by Making）视作学生真正需要的学习方式，认为“基于创造的学习”指向培养学生创造的兴趣、信心与能力，这正应该是学校教育目标的要旨。技术时代的创造融合了工程学、设计科学、计算机科学等多种学科的方法与资源。科学技术的发展为学校学生提供了越来越多的新工具、新材料与新技巧，让每一位学生都有可能成为真正的创造者，因此，有必要在中小学校推进创客教育。

技术介入教育有其必然性，技术的适切中介对教育的长远发展有重要意义，为“基于创造的学习”提供支持。美国教育部教育技术办公室发布的《国家教育技术规划2010》明确提出：现代教育面临的一大挑战是如何有效利用技术创设可以真实体现学生的日常生活并促进学生对未来生活形成科学理解与合理预期的学习经验，而一个国家的教育体系必须考虑将21 世纪的技术无缝融于学生的学习，以一种切实有意义的方式来激发不同年龄层次学习者的学习兴趣，维持其学习动力，因为这些技术对于学生未来的真实生活不可或缺。

一方面，技术不断革新，新技术与基于新技术的智能化产品层出不穷，为学生展示了多种多样的创意空间，为学生更加有效地感受、学习与分享更多的创意思维提供了可能性，有利于激发学生的创造热情，学生也更有可能获得更多的利于创意生成的启示。

另一方面，越来越多技术的使用成本随着技术本身的成熟与不断被推广甚至普及得到了大幅度下降，无论是学校还是学生本人都可以越来越便捷地、经济实惠地获得技术工具与资源以支持其创造过程。其中有些技术是专门用于支持创造设计与创造成果生成的建构性技术，比如3D 打印技术、机器人技术、可穿戴计算技术、智能材料技术与更为简捷的编程语言等各种各样的新技术与相应的工具正在赋予人类更强的创造发明的力量。创造主体不再仅限于专职从事创造设计与开发工作的或有创造与发明经验的成人，中小学生也可以利用这些工具让自己从被动的知识接受者转变为真实世界的创造者。中小学生不需要在专门的工厂车间，而可以通过利用计算机相关设备与材料、网络上的各种开源软件与资源设计与创造出很多有一定复杂性与创新性的产品。

二、注意技术对学生的负面影响

值得注意的是，技术对于学生而言是一把“双刃剑”。以互联网络为例，一方面，互联网可以为学生提供一个数字化、网络化的学习与交流平台，有可能帮助学生学习，促进学生的社会化，方便学生生活从而促进学生的全面发展。比如，学生可以通过网络获取更多的学习资源，培养与提升自己的终身学习能力，可以通过网络促进社会交往、积累学习资源，也可以通过网络学习积累职业知识与技能，从而促进自己的未来职业发展。然而，另一方面，部分学生沉溺于网络游戏而荒废了学业，或者过于依赖网络交流而弱化了在现实生活中的社会交往能力，或者因为过于使用网络而引发了心理疾病，或者因为散发网络病毒、进行网络盗窃、进行网络诈骗等走上了犯罪道路；部分学生因为过于依赖于网络搜索工具，而不重视自己的思考，不利用其发现问题、分析问题与解决问题的能力来促进自身发展。由此，技术对学生的全面发展有深刻影响，而这种影响既可能是正面的，也可能是负面的，教师应全面、理性地看待这种影响，帮助学生正确使用技术促进学习。

第三节　技术与教师终身学习

正如联合国教科文组织的文件指出的一样：教师是变革的动力。在传授人类积累的关于自身和自然知识方面以及在开发人类创造力方面，教师将始终是主要的责任者，始终起主导作用。对教师素质的重要性再怎么强调也不会过分，各国政府尤其要把重视基础教育师资的质量作为自己的重要职责。教师，是提高教育质量的关键所在，也是决定教育改革成败与否的关键所在。一方面，技术的发展要求教师不断学习。技术的发展使教师面临前所未有的机遇和挑战，要求教师能够不断学习，以持续更新教育教学观念、知识与技能，自如应对不断出现的教育新问题和新挑战，把握技术发展所赋予的教育新机遇，提升自己的技术素养，以有效利用技术优化教育教学实践，促进自身与学生的成长。另一方面，技术也将支持和促进教师的终身学习。技术应用极大地丰富了教师与相关人士之间的沟通交流与资源共享方式，使教师能够及时获取适切其终身学习发展的平台与资源，充分支持教师专业的可持续发展。

一、教师需要终身学习提升技术素养

教师是一个具有双重身份的特殊群体。一方面，作为信息时代的教师，应该具备应用技术提升教学质量、推动教育信息化进程的技术素养；另一方面，学会学习、具备终身学习的能力，是现代社会创新型、高素质人才不可缺少的基本素质，教师需要具备利用信息技术手段提高自身的学习绩效，培养自己的终身学习能力。在信息技术飞速发展的信息时代，教师需要与他们的学生一样，以一个学生的身份去学习新知识、掌握新技能。面对新的信息技术手段，教师应该超前地了解、学习相关教学应用前景及使用技巧；面对信息时代新的教育教学相关知识，教师应及时吐故纳新，提升自己的知识水平。

虽然我国绝大多数中小学教师不同程度地接受了一些信息技术基础知识和基本技能培训，但还有相当一部分教师仍然缺乏切实有效地将信息技术深入学科、深入教学、深入课堂的应用能力。部分教师还不能适应利用信息技术推进教育信息化、基础教育课程改革和实施素质教育的需要。这在很大程度上不仅影响了教育信息化基础设施投入效益的发挥，更影响了素质教育的实施。为了推进信息技术在教学中的适切应用，教师需要不断地提升信息技术

教学应用水平。

首先，教师需要适应时代发展，更新教育观念，充分理解信息技术在教学中的应用的前景、优势与挑战；需要清楚信息技术教学应用不单纯是对技术手段的简单应用，而要从教育教学的角度来加以理解与设计；需要投入更多的努力来开展信息技术教学应用工作。

其次，教师需要积极参加信息技术教学应用实践，提高自身的信息技术教学应用能力。信息技术的引入、教学交互方式的转变、教学评价的内涵拓展、教师角色的转变等因素，对教师的教学素养提出了新的要求。教师需要在不断的实践与学习过程中提升自己的信息技术教学应用能力。

二、技术支持教师终身学习

教师应该具备在信息时代利用技术进行终身学习的能力。如果教师自身都不能体验技术支持的学习的乐趣，不能有效利用技术实现终身学习，那么也可能无法理解如何支持、帮助学生利用信息技术提高学习绩效。技术的不断发展和应用，为教师提供了日益丰富和完善的专业发展平台和资源，使他们能够更方便地使用这些平台和资源进行学习、交流、实践，从而有效促进教师的终身学习。一方面，技术丰富了教师获取终身学习资源的途径与方式，为教师提供了丰富的终身学习资源。另一方面，技术为教师之间的交流互动、协同发展提供了支持。通过网络技术的支持，教师可以进行网络教研，形成在线的学习共同体，在网络平台中分享自己的教育教学故事，交流自己的教学经验，同时可以参考同行的教学做法，共享教育教学资源。

综上所述，技术在教育中的应用会引起教育的深刻变革。技术的介入有望促进教育改革，推动教育思想、教学内容、教育模式、教学方法和教学手段的革新，最终提高整体教育质量和效益。技术在教育中的应用有利于学生主动学习的实现。技术在教育教学中的介入要求教师具备有效利用技术优化教育教学的意识与能力。技术采用“多维、非线性”结构，改变传统教学的“单向、线性”结构，集多媒体信息的直观性、计算机的交互性、网络的分布性及有关通信技术的优势于一体，实现了教学信息的数字化、网络化存储、处理、传输，可以拓宽教学服务领域、丰富教学方式、深化教学交互层次，最终使学生真正实现主动地、有选择地获取教学信息，增强学生的主动性和教学信息本身的可控制性，能够更好地满足学生的学习需求。在信息化教育环境下，还应注意利用适当的技术培养学生学习和应用技术的意识与兴趣，培养学生获取信息、分析信息和处理信息的能力，提高学生的动手操作能力、思维想象能力和创新能力，提高学生适应未来社会竞争和发展的能力。在技术支持的教育环境下，学生可以利用技术工具（手段）主动获得相关的学习信息，在学习过程中不仅掌握知识、技能，更重要的是学会学习的方法。与此同时，教师自身也要形成终身学习的意识与能力，充分利用技术工具获取终身学习资源以促进自身的终身学习，以便更好地顺应教育信息化的发展，深化教育教学改革，切实提升教育教学质量，实现自身的专业化发展。

本章小结

- 技术的有效应用对推进教育信息化、深化教育教学改革、提升教育教学质量有重要意义。
- 具备利用技术优化教育教学实践效果的素养是教师专业发展的重要内容。
- 教师应该深入理解技术在教学中的作用原理，能够根据实际的教学需求，从教学目标分析、技术的技术属性与教学功用分析、技术的应用成本等多个方面考虑技术在教学中应用的适切性。
- 技术可以提供多样化、个性化、丰富的学习资源，有利于支持学生的个别化、个性化的自主学习、协作学习与探究学习，能够促进学生学习方式的变革。
- 技术本身是一把“双刃剑”，如果应用不当，容易给学生带来负面影响。教师教学过程中要关注技术可能给学生带来的负面影响，正确引导学生利用技术帮助自己学习。
- 教师需要终身学习，不断提升自己的技术素养、优化教育教学实践效果，同时应该学会利用技术获取、分享、利用终身学习资源。在线与其他教师开展交流与协作，实现终身学习，促进自身的专业化发展。

本章习题

简述题

(1) 如何理解技术在推动现代教育教学改革中的重要价值?

(2) 如何理解技术在教学中应用的适切性?

(3) 结合自身的经验，说明技术可以如何支持学生学习。

第二章

数字化资源的获取与管理

学习背景

网络是日常教学中最有效的资源获取途径之一。而从万千资源中找到自己想要的，需要很多技巧。以寻找“演示帮助孩子们理解太阳如何运行”为主题的资源为例，是通过搜索引擎查找更好，还是去一些教学资源网站查找更好？在日常寻找资源的过程中，我们还会发现很多不错的资源或网站，但又不知如何去管理它们。本章将介绍资源获取、资源管理的一些实用技巧，它们也是新时代教师必备的信息素养。

学习目标

1. 能够快速搜索自己需要的网页资源；
2. 能够按需下载所需的文本、视频、动画资源；
3. 能够在不同网络终端设备中随时随地管理教学资源。

本章内容导图

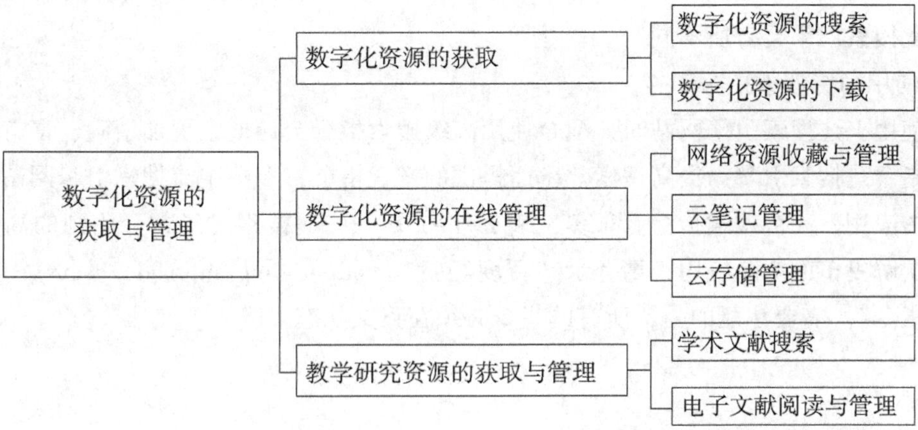

第一节　数字化资源的获取

一、数字化资源的搜索

教学案例

李老师是一名初中物理教师，兼任物理教研室主任，最近他所在学校计划推进翻转课堂。作为教研室主任，他需要在较短的时间内了解什么是翻转课堂。

案例分析与实践指南

李老师可通过以下方法搜索到所需的资源。

(1) 使用搜索引擎网站获取有关翻转课堂的网页资源；

(2) 结合使用高级搜索命令有针对性地获取指定网站的有关翻转课堂的资源；

(3) 进入专门的教育权威网站获取有关翻转课堂的站内资源；

(4) 使用学术文献搜索引擎获取较为权威的有关翻转课堂的学术文献资源。

1. 使用通用搜索引擎网站

当我们上网查找某一种主题资源的时候，如果对该主题比较陌生，可以首先到搜索引擎网站查阅一番。比较常用的中文搜索引擎网站有：百度（www. baidu. com）、必应（www. bing. com）、有道（www. youdao. com）、搜狗（www. sogou. com）等。如果对用某一个搜索引擎网站进行搜索所获得的结果不太满意，可以换一个试试。因为不同搜索引擎网站的搜索算法不太一样，因此搜索结果会有所不同。

2. 使用高级搜索指令

在使用上述搜索引擎网站时，配合使用高级搜索指令会让搜索更加精确、富有效率。高级搜索指令是搜索引擎为提高搜索效率而提供的搜索指令，多数主流搜索引擎网站都支持这些指令的应用。高级搜索指令有很多，表 2-1-1 是一些在搜索时经常会用到的高级搜索指令。要了解更多的指令应用，请登录“百度经验”（http://jingyan. baidu. com/），搜索“高级搜索指令”。需要注意的是，所有的指令必须在英文状态下输入。

表 2-1-1　实用高级搜索指令①

高级搜索指令	作用	举例
" "（双引号）	把搜索词放在双引号中，代表完全匹配搜索，也就是说搜索结果返回的页面包含双引号中出现的所有词，连顺序也必须完全匹配	如输入："翻转课堂" 返回的结果是包含“翻转课堂”的所有页面，其他只单独出现“翻转”或“课堂”的页面将不显示
-（减号）	搜索不包含减号后面的词的页面，使用这个指令时减号前面必须是空格，减号后面没有空格，紧跟着需要排除的词	如输入：翻转课堂 -可汗学院 返回的结果里只包含“翻转课堂”而不包含“可汗学院”
intitle：	搜索返回的是标题中包含关键词的页面	如输入：intitle：翻转课堂 返回的结果是在标题中含有“翻转课堂”的页面
flietype：	搜索指定文件格式，支持对 . pdf、. doc、. xls、. all、. ppt、. rtf 等格式文档的搜索	如输入：filetype：doc 翻转课堂 返回的结果是包含关键词“翻转课堂”的所有 . doc 文件
site：	搜索某个网站内的所有文件，可与" "（双引号）指令结合使用	如输入：site：www. jyb. cn "翻转课堂" 返回的结果是在域名 www. jyb. cn（《中国教育报》）下包含“翻转课堂”的所有页面

3. 直接进入某个网站搜索

通过搜索引擎网站搜索出的内容会比较杂乱，有时候可能无法从中获得想要的资源。这时可以直接进入一些已知的网站搜索获取。

以翻转课堂有关资源为例，我们可以进入一些知名的教育类网站进行站内搜索，比如教育部官方网站、国家基础教育资源网、《中国教育报》网站、人民教育出版社网站等站点，这些站点含有大量经过加工、审核的优秀资源。以教育部官方网站为例，进入该网站后，搜索“翻转课堂”，就可以看到与翻转课堂有关的所有站内资源。

资源推荐

综合教学资源网站一般是相关教育政策、学习与教学理论、优秀教学资源的集合地，可以作为教师教学工作和学习的参考资源库。在这方面主要有教育部官方网站、国家基础教育

① 《十大高级搜索指令》，Zen Cart 中文论坛，http://www. zen-cart. cn/forum/topic216450. html。

资源网、《中国教育报》网站、人民教育出版社网站等可供教师参考浏览。

①教育部官方网站（http://www.moe.edu.cn/），提供包括教育新闻、教育法规、教育政策、重要文献、教育部机构与职能、教育评论、政策解读、就业指导、信息查询等相关服务，通过对网站的学习，教师可以了解与教育相关的教育政策与时事，对于提高自身的业务能力有很大帮助。

②国家基础教育资源网（www.cbern.com.cn），是专为我国广大中小学教师和学生提供丰富的教育教学资源信息和用来进行网络化学习的平台类门户网站，所有资源面向教师免费开放。该网站由教育部基础教育课程教材发展中心、中央电化教育馆联合主办。

③《中国教育报》网站——中国教育新闻网（http://www.jyb.cn/），是以教育新闻为主的教育网上信息发布平台，关注向社会传播教育的声音，促进教育改革与发展，是我国教师获取最新教育教学资讯的重要途径。

④人民教育出版社网站（http://www.pep.com.cn/），作为我国中小学课程教材资源的建设基地，集结了大量的中小学教育教学资源，包括电子教材、教学设计、教学论文、教辅资料等，是中小学教师经常使用的辅助型教育教学网站。

应用拓展

随着云计算存储技术的不断发展，网盘出现，为人们存储、备份和共享资源提供了便利。网盘上存储了大量优秀的文件，若想获取这些文件，可使用网盘搜索工具——盘搜（http://www.pansou.com/）。盘搜为用户提供了对国内外多个网盘资源的跨盘搜索和分类搜索功能。用户可以在所有网盘资源中进行综合搜索，也可以限定在某一网盘中进行搜索，还可以对文件的类型（如音乐、文档等）进行限定搜索。想搜索一些如文档、电子书、软件安装包、影音等资源时，用网盘搜索最为快捷。

学习活动

（1）试一试：在百度搜索（www.baidu.com）中输入图 2-1-1 中内容相同但格式不同的两个关键词，比较所得的搜索结果有何不同。

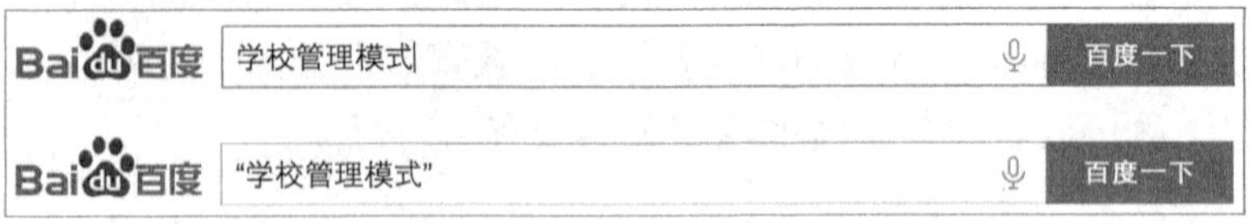

图 2-1-1　在关键词上加引号与不加引号的搜索

（2）综合使用高级搜索指令获取国内教育类网站上以“微课程”为关键词的 PDF 文件。（操作提示：需使用到的高级搜索指令有：site、pdf，其中教育类网站 site 为“edu.cn”。）

二、数字化资源的下载

教学案例

刘老师最近需要准备一节公开课。在备课过程中，他希望能够获取一些文本进行综合分析，以完善自己的教学设计，并下载一些与公开课有关的视频和动画资源，以丰富自己的教学课件。

案例分析与实践指南

数字化资源下载是信息技术与学科课程整合的重要内容。在本案例中，刘老师可以通过以下方式下载相关教学资源。

(1) 使用相关学习资源网站下载各类资源；

(2) 使用视频下载工具（如硕鼠）下载视频资源；

(3) 使用动画下载工具（如 FlashGrab）下载动画资源。

1. 使用相关学习资源网站下载各类资源

包括国家基础教育资源网、人民教育出版社网站、知网、学科网等，这些网站涵盖了基础教育领域小学、初中、高中各学段学科的相关教学资源，包括文本、视频、教学演示课件等。

2. 视频下载工具——硕鼠

硕鼠是一款免费视频下载工具，如图 2-1-2 所示。它可支持包括优酷、土豆、乐视、爱奇艺、搜狐视频、网易公开课等多个视频网站的解析下载，并支持不同清晰度和分段视频的自主选择。其中硕鼠 Nano 适合下载单个视频，而硕鼠 Touch 适合下载专辑。

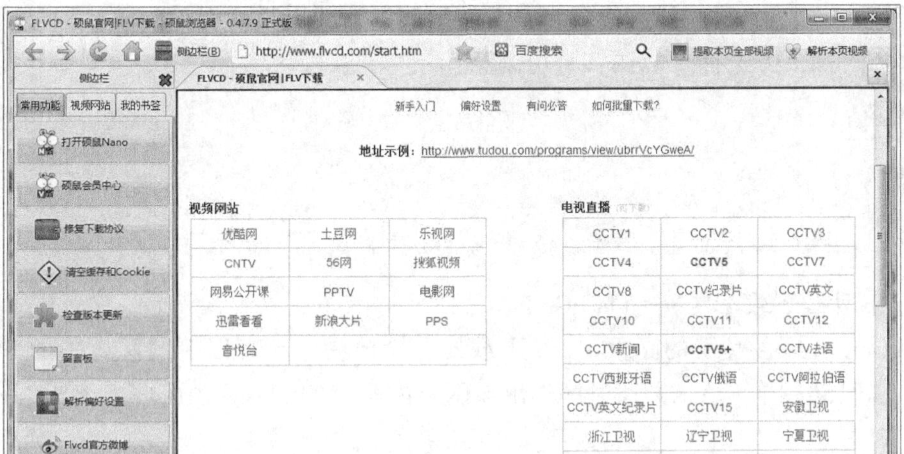

图 2-1-2　视频下载工具——硕鼠主页

硕鼠的使用步骤较为简单，其主页提供了“新手入门”菜单，可方便教师快速掌握硕鼠下载视频。下载过程主要分为四步：

①找到需要下载的视频或专辑页面，复制页面地址；

②在硕鼠上搜索与解析该视频网址；

③选择视频清晰度；

④修改存储路径和设置选项。

以《颐和园》纪录片为例，按照上述步骤批量下载该视频，如图 2–1–3 所示。

图 2–1–3　批量下载《颐和园》视频的效果图

（扫描二维码，查看使用硕鼠下载视频的操作步骤；扫描后，请在页面下方选择“以访客身份浏览”）

学习活动

使用“硕鼠”工具批量下载至少 5 集《世界著名大学》纪录片。

3. Flash 动画下载工具——FlashGrab

FlashGrab 是一款免费的网页 Flash 下载器，简单易用，可以下载网页中的 Flash 游戏、音乐等。和硕鼠一样，该工具通过解析出该网页内所有的 Flash 动画进行下载。下载步骤主要包括：

①找到需要下载的 Flash 动画，复制页面地址；

②在 FlashGrab 的 URL 地址栏中粘贴已复制的网址，点击“开始”按钮；

③点击“下载 SWF”，最后可到“已下载”文件夹中查看已下载的 Flash 动画。

以下载“站长素材”中的“节日福字喜庆 Flash 动画”为例，图 2–1–4 为 FlashGrab 主要操作界面图。

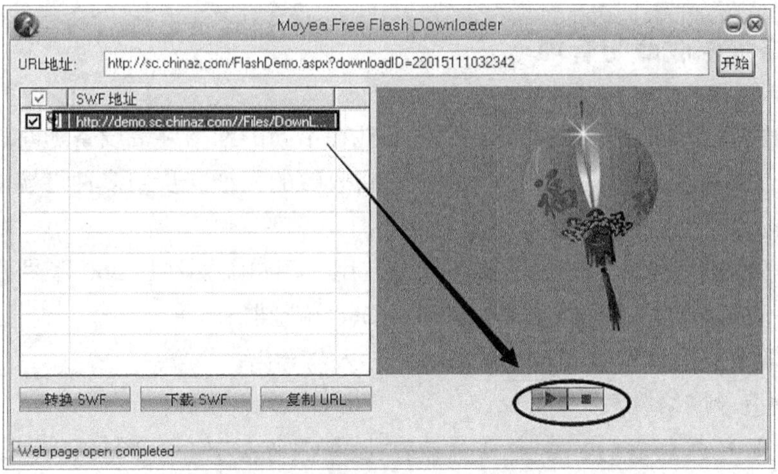

图 2–1–4　FlashGrab 主要操作界面

（扫描二维码，查看使用 FlashGrab 下载 Flash 动画的操作步骤；扫描后，请在页面下方选择“以访客身份浏览”）

第二节　数字化资源的在线管理

教学案例

辛老师在长期的网络资源应用中积累了不少需求：

（1）他发现了大量有用的教学资源网站，非常希望能够及时地记录、分类这些网址，便于过后随时在需要时再次访问它们；

（2）浏览网页时，他希望能够摘录、标注网页上的一些内容，便于过后阅读与做笔记；

（3）单位和家里都有电脑，他希望像其他人那样，不用 U 盘存储文件，而是利用免费的网络存储空间随时存储、利用教学资源。

案例分析与实践指南

随着资源的不断增多以及网络终端设备应用的多元化，教师想要随时随地管理资源的需求越发强烈。如果辛老师的上述需求得到满足，原先比较杂乱的资源管理将会变得便利许多。本案例中，辛老师可以利用以下资源在线管理技术工具实现对网络资源的收藏、记录与存取：

(1) 网址管理工具（如 360 网络收藏夹），收藏网址并且随时随地查询使用；
(2) 笔记管理工具（如有道云笔记），随时随地做笔记；
(3) 云存储管理工具（如百度云盘），随时随地存取资源。

一、网络资源收藏与管理

使用网址管理工具即网络收藏夹，可方便地在不同的网络终端设备随时访问平时收集的网站。这里以 360 网络收藏夹为例，介绍如何将收藏的网址同步到多种终端设备上，包括电脑、平板电脑及智能手机等。

360 网络收藏夹必须在 360 浏览器环境中使用，用户需要注册 360 账号并登录。因此在使用 360 网络收藏夹之前，你需要先安装一个 360 浏览器。

360 网络收藏夹的使用主要涉及收藏夹的导入与导出。

1. 注册并登录网络收藏夹

注册 360 账号并登录后，点击浏览器左上角“个人中心”图标，然后点击“我的收藏”，如图 2–2–1 所示，即可看到网络收藏夹。你可以在这里编辑整理收藏夹，如新建一个“教育类”文件夹，如图 2–2–2 所示。

图 2–2–1　点击“我的收藏”

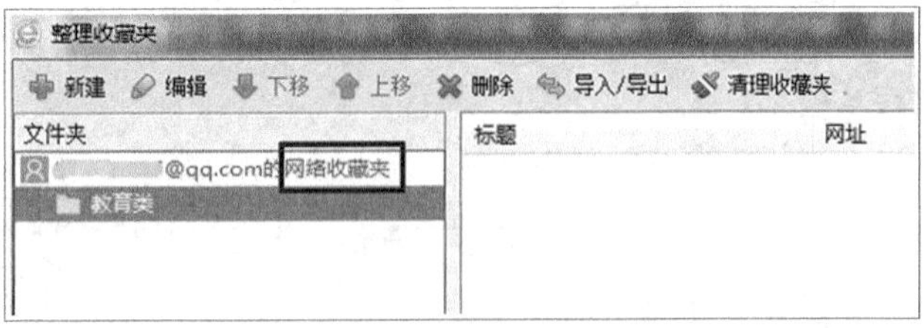

图 2–2–2　在网络收藏夹中新建“教育类”文件夹

2. 将喜爱的网址添加到收藏夹中

可使用“收藏”菜单将喜爱的网址添加到收藏夹中收藏起来，也可使用快捷键 Ctrl+D，还可使用收藏栏上的快捷按钮，如图 2–2–3 所示。使用“收藏”菜单时可打开下拉列表将网址添加到某一收藏分类，如“教育类”，如图 2–2–4 所示。

图 2–2–3　使用收藏栏上的快捷按钮

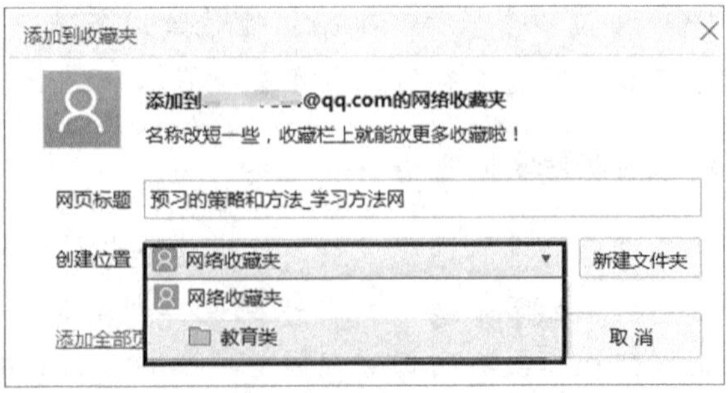

图 2–2–4　将网址添加到网络收藏夹“教育类”

3. 跨设备快捷打开收藏夹的网址

以装有360浏览器的手机为例，在手机版360浏览器中登录后，打开“云收藏夹”即可看到之前在电脑中添加的网址，点击打开即可，如图2-2-5所示。

图2-2-5　在手机中打开网络收藏夹的网址

二、云笔记管理

使用云笔记管理工具，可方便地通过不同的网络设备终端做笔记和管理笔记。这里以国内的有道云笔记为例，介绍如何使用笔记管理工具。

使用有道云笔记，首先需要到其网站（http://note.youdao.com/）下载安装与终端设备系统相匹配（如Windows、Mac、Android、iPad等）的有道云笔记软件。其登录界面如图2-2-6所示，可以注册新账号，或者通过QQ、新浪微博、腾讯微博账号直接登录。

图2-2-6　“有道云笔记”的登录界面

1. 新建笔记

使用账号登录有道云笔记，进入云笔记界面，点击界面左上角的“新建”，即可新建笔记。如图 2-2-7 所示，云笔记编辑页面与 Word 编辑界面类似。

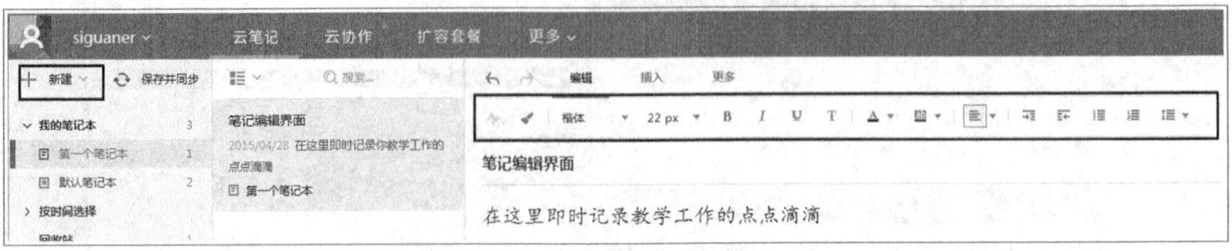

图 2-2-7　使用有道云笔记新建笔记

应用拓展

在有道云笔记里，可根据需要点击“新建”的下拉菜单“新建笔记本”或“新建笔记本组”。

除文本笔记外，还可通过“插入”选项插入图片、附件、表格、横线、待办、链接、截图等内容，如图 2-2-8 所示。而 Android、iPad 等版本的“有道笔记本”还支持手写涂鸦、录音等笔记方式。另外，在新建笔记页面，点击左下方的录音按钮就可以开始录音。

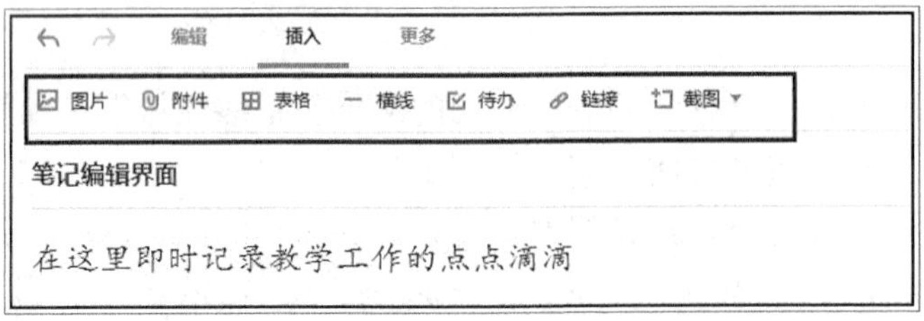

图 2-2-8　有道云笔记的“插入”功能

2. 同步笔记

有道云笔记可以在离线状态下做笔记，但只有通过网络同步后，该笔记才可在其他设备上查看。一般情况下，笔记每隔 3 分钟会自动保存与同步；点击界面左上角的“保存并同步”按钮即可实时同步。

3. 合并笔记

可通过按住 Ctrl 键选择多个笔记，通过“合并笔记”按钮将这些笔记合并为一个，如图 2-2-9 所示。

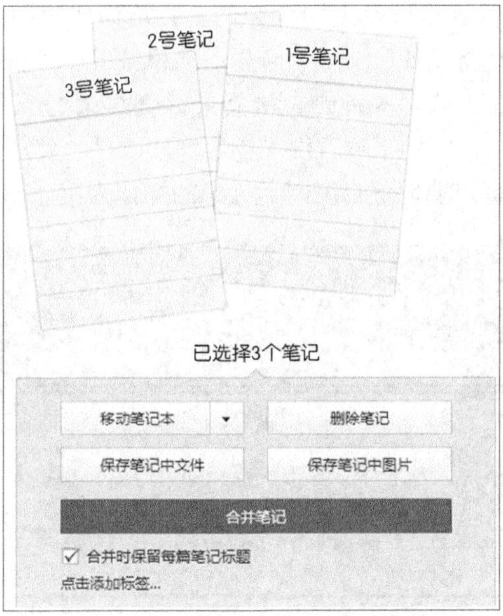

图 2-2-9　使用有道云笔记合并笔记

4. 设置阅读密码

为保障笔记的安全，可在选中的私密笔记本或笔记上右击，选择“阅读密码”，即可设置密码。

5. 云协作与笔记分享

有道云笔记还支持“云协作”，不同使用者可以同时对某一笔记或文档资料进行编辑、评价等；还可以通过“分享”菜单中的“分享笔记”“分享链接”“发送邮件”“发送到微博”等选项，与他人分享交流自己的笔记与心得体会。

三、云存储管理

在本节开头的“教学案例”中，辛老师希望能够减少 U 盘的使用而实现在不同电脑设备中转存文件。云存储管理工具，也叫网盘，正好可以帮助他解决这个问题。网盘是各大网站为用户提供的免费、大空间（有的容量高达 TB① 级别）的网络存储空间，用户可以上网存储、备份各种类型的文件。有了网盘后，就可以减少 U 盘的使用，减少因 U 盘丢失、中毒或无法打开等情况所造成的困扰。除了存储功能，网盘还提供便捷的备份和分享、同步等功能。

当前的云存储管理工具有很多，如百度网盘、360 云盘、微云、华为网盘等，而不同云

① 1 TB＝1 024 GB＝1 024 MB×1 024 MB。

盘的使用与功能大同小异。这里以百度网盘为例，介绍如何使用云盘工具。

百度网盘支持跨设备地将照片、文档、音乐、通讯录等多种资料存储在云端，并随时下载使用。使用百度网盘有两种方式：一种是直接登录百度网盘主页（yun. baidu. com）使用网页版的网盘服务；另一种是从该网站下载百度网盘客户端软件，然后安装到本地计算机上。在这里我们以 Windows 系统的客户端软件百度网盘管家的操作为例。图 2-2-10 为百度网盘界面。

图 2-2-10　百度网盘主要界面

常用操作如下：

（1）上传文件或文件夹。可点击“上传文件”按钮上传文件或文件夹，或者将本地的文件或文件夹直接拖拽到“拖拽上传”栏或拖拽到百度网盘的网盘文件界面空白处，如图 2-2-11 所示。手机版的百度网盘可直接实时同步手机里的通讯录、照片、短信等资料。

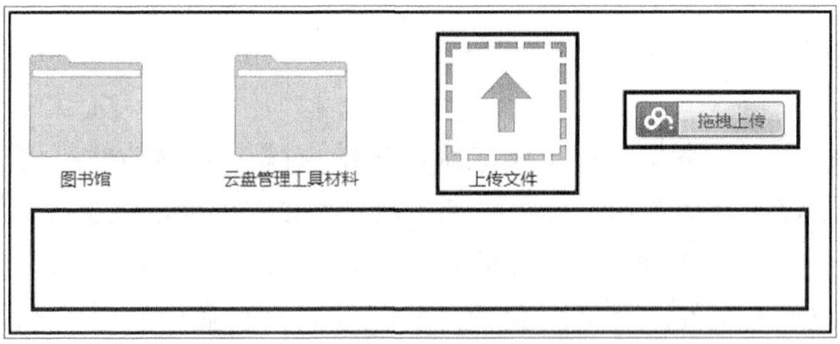

图 2-2-11　使用百度网盘上传文件或文件夹

（2）下载文件或文件夹。选中要下载的文件或文件夹，点击工具栏中的“下载”按钮即可。

（3）自动备份文件夹。使用“自动备份文件夹”按钮可设置本地文件夹的实时备份。

（4）分享文件或文件夹。选中文件后，点击“分享”按钮即可让好友通过链接直接下载这些文件。

网盘的文件分享分为“公开分享”和“私密分享”，可根据需要加以选择。如果是“私密分享”，百度网盘会自动生成链接和下载密码，如图 2-2-12 所示，只需要“复制链接及密码”发给好友，即可让好友下载网盘中的文件，方便快捷。分享文件功能对于传输一些容量比较大的用 QQ 或电子邮件传输比较困难的文件非常方便。

图 2-2-12　使用百度网盘分享文件

（5）查看网盘所有资源：图 2-2-13 显示了通过网页版百度网盘查看单一账号关联下的网盘所有资源的情况。

图 2-2-13　通过网页版百度网盘查看网盘所有资料

学习活动

在电脑和手机上安装百度网盘。

（1）将电脑中的某一文件夹存储到百度网盘中，并使用手机百度网盘下载该文件夹；

（2）在手机百度网盘中开启“相册备份”和“短信备份”的功能并进行同步，然后使用电脑安装的百度网盘查看手机最新照片，通过电脑的网页浏览器登录百度网盘主页查看备份的手机短信。

第三节　教学研究资源的获取与管理

教学案例

通过本章第一节中介绍的资源查询方法，李老师可以获取有关翻转课堂的相关资料。结合他的教学实践和研究兴趣，如果他希望在此基础上开展翻转课堂教学相关的实践研究，就需要阅读大量的电子文献以完成研究设计、研究分析和研究论文撰写。但他能用于阅读电子文献的时间比较零碎，总觉得文献阅读和管理过程比较杂乱，缺乏实用的记录和积累，希望能有一些技术工具支持自己快捷地回顾与整理文献内容。

案例分析与实践指南

这是很多教师想要开展教学实践研究时都会遇到的问题。与使用浏览器或文本阅读器阅读常规的网页或文档不同，电子文献阅读非常注重积累，为此，科研领域开发有许多专用的文献阅读与管理工具，如国外的 Mendeley、Note Express、EndNote，国内的 CNKI E-Learning、NoteFirst 等，其中 CNKI E-Learning 完全免费且中文文献的使用体验较为突出。因而在本案例中，郭老师可使用 CNKI E-Learning 来阅读和管理电子文献。

一、学术文献搜索

除了教育网站内有关翻转课堂许多观点言论外，如果想要进一步了解专家、学者和一线教师对翻转课堂的研究与实践情况，可使用学术文献搜索进行快速了解。这里推荐使用谷粉学术搜索学术文献。图 2-3-1 为设定关键词为“翻转课堂”的学术文献搜索结果。其中有些文献（如图中框线内）前标注“DOC”或“PDF”，说明可以直接下载该文献。

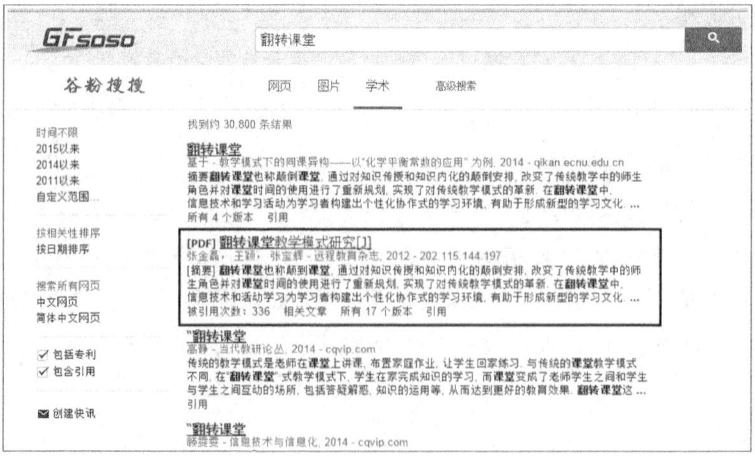

图 2-3-1　谷粉学术搜索结果界面

二、电子文献阅读与管理

在没有可利用的技术工具之前，我们读文献时通常喜欢打印出来，然后用笔画重点、做标注。但是，当阅读的文献量比较大的时候，我们就很难管理自己的阅读笔记。现在借助一些专门的电子文献阅读与管理工具，可以边阅读文献边做笔记，并且在写论文时可以在 Word 文档里自动生成参考文献格式，不用一条一条地按照格式手动编写。

NoteExpress 是目前流行的参考文献管理工具软件，其核心功能是帮助读者在整个科研流程中高效利用电子资源：检索并管理得到的文献摘要、全文；在撰写学术论文、学位论文、专著或报告时，在正文中方便地添加文中注释，然后按照不同的参考文献格式要求自动生成参考文献索引。

NoteExpress 的核心功能如下：

1. 检索：支持全球图书馆书库和电子数据库，如万方、维普、期刊网、Elsevier ScienceDirect、ACS、OCLC、美国国会图书馆等。一次检索，永久保存。

2. 管理：可以分门别类管理百万级的电子文献题录和全文。

3. 分析：对检索结果进行多种统计分析，从而使研究者更快速地了解某领域里的重要专家，研究机构，研究热点等。便于长期跟踪某一专业的研究动态。

4. 发现：与文献相互关联的笔记功能，能随时记录阅读文献时的思考，方便以后查看和引用。

5. 写作：支持 Word 和 WPS，在论文写作时可以随时引用保存的文献题录，并自动生成符合要求的参考文献索引。提供多国语言模板功能，可以自动根据所引用参考文献语言不同差异化输出。

有关 NoteExpress 的下载、安装和使用，请前往 http://www.inoteexpress.com/wiki/index.php/进行学习。

图 2-3-2 为 NoteExpress 的主要界面，图 2-3-3 为 NoteExpress 的笔记功能。

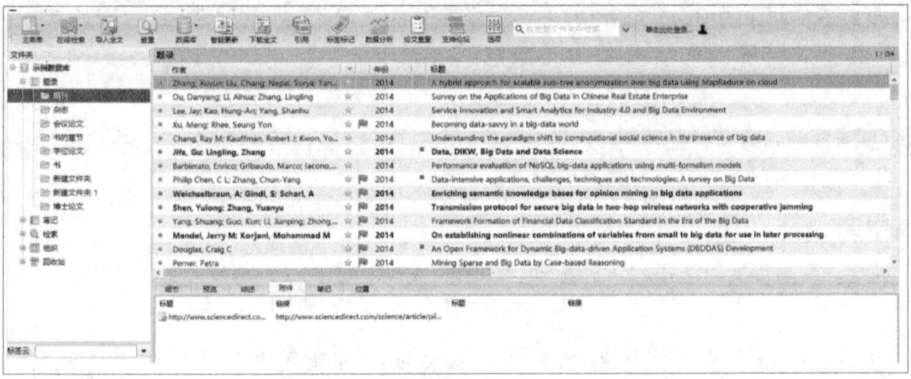

图 2-3-2　NoteExpress 的主要界面

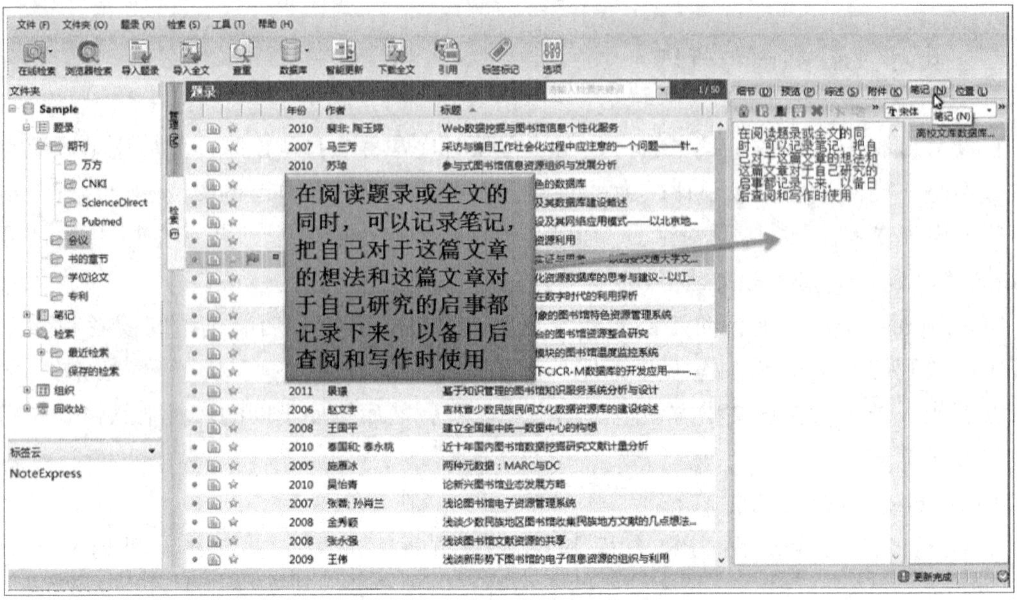

图 2-3-3　NoteExpress 的笔记功能

学习活动

下载安装 NoteExpress，检索你感兴趣的主题的相关文献，添加到 NoteExpress 中，并使用 NoteExpress 自带工具做阅读笔记。

本章小结

- 教师可通过四种方法快速搜索到自己所需要的教学资源：(1) 使用通用搜索引擎网站；(2) 使用高级搜索指令；(3) 直接进入某个网站搜索。
- 教师可应用技术工具随时随地管理教学资源，这些工具主要有：(1) 网址管理工具，支持跨设备使用收藏夹；(2) 笔记管理工具，支持随时随地记笔记；(3) 云存储管理工具，支持资源的随时备份与获取。

本章习题

1. 填空题

(1) 获取某网站的 .doc 文档资源时，需要用到的高级搜索指令为__________和__________。

(2) 想要全面搜索某研究课题相关的学术文献，可使用__________搜索引擎。

(3) 下载视频资源可使用__________；下载动画资源可使用__________。

(4) 网址管理工具的作用是____。

2. 简述题

(1) 常用的搜索引擎有哪些?

(2) 如何使用有道云笔记为私密笔记设置阅读密码?

(3) 手机版的百度网盘工具可用于同步哪些资源?

(4) 如何使用百度网盘工具分享资源?

第三章

多媒体课件的快速优化与集成

学习背景

多媒体课件已经成为重要的教学资源之一。教师日常备课中，除了撰写教案，还需要准备多媒体课件。如何快速制作可应用于不同教学活动的多媒体课件，成为教师非常关心的话题。本章将介绍利用 MS PowerPoint 快速优化教学演示文稿，利用新兴的 Articulate Storyline 制作互动式学习课件，以及利用 iebook 制作电子杂志实现多媒体素材快速集成，希望本章内容能够帮助教师在多媒体加工制作的工作上更有效率。

学习目标

1. 能够在 MS PowerPoint 中熟练应用母版和 iSlide 插件功能批量修改教学演示文稿样式；
2. 体验利用 Articulate Storyline 制作多媒体课件的优势；
3. 尝试使用 iebook 制作主题班会的电子杂志。

本章内容导图

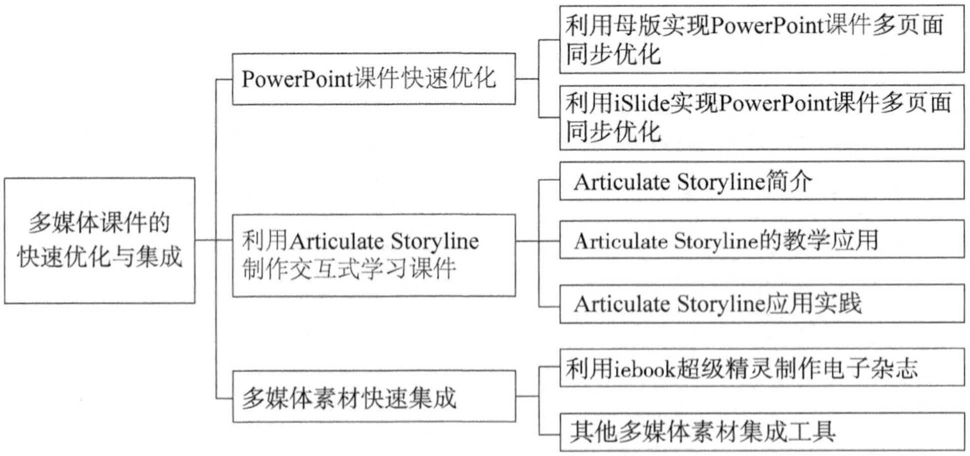

第一节　PowerPoint 课件快速优化

一、利用母版实现 PowerPoint 课件多页面同步优化

教学案例

初中化学教师谭老师初步做好了“物质构成的奥秘”单元的 PowerPoint（简称 PPT）课件，有 60 页内容。在最初做的时候他没有调整内容格式，现在每个主题内容都包括复习导入、探索新知、巩固练习、应用拓展、归纳总结、作业练习。谭老师希望能够以不同的背景颜色区分课件中不同主题的页面，这样能让学生更好地明白自己当前所处位置。但是，如果一页挨着一页地去修改 PowerPoint 的背景颜色实在太浪费时间了。有没有更好的办法？

案例分析与实践指南

谭老师所遇问题在教师教学实践中非常普遍，大部分教师都会制作 PowerPoint 课件，但制作效率差别很大。同样制作一份 PowerPoint 课件，有些人要花很多时间，有些人只需较短的时间即能完成。在本案例中，如果谭老师一页一页地去修改页面的背景等，那么一上午时间他可能都完成不了，而如果使用 PowerPoint 母版功能统一修改，大概 10 分钟就能完成。

通俗地讲，只要母版变了，其他所有的 PowerPoint 页面都会跟着改变。修改 PowerPoint 母版的目的是进行全局更改。以标题格式为例，比如想让 PowerPoint 所有页面的一级标题格式设为“隶书，44 号”，就可以在 PowerPoint 母版中对一级标题进行格式设定——这个设定就会被应用到演示文稿中的所有页面——而不需要一页一页地更改标题格式。总的来说，幻灯片母版可以用于快速设置 PowerPoint 的样式，包括统一设定内容的样式、背景及属性等，让课件更加规范整齐。

通常可以使用 PowerPoint 母版进行下列操作：

（1）更改字体或项目符号；

（2）插入要显示在多个 PowerPoint 页面上的艺术图片（如徽标）；

（3）更改占位符的位置、大小和格式。

以下就介绍如何在 PowerPoint 2010 中使用“母版视图”统一设置页面的背景色调、不同标题级别的字体，以及插入徽标。

（1）打开“母版视图”。

打开“视图”菜单栏，选择“幻灯片母版”，如图 3-1-1 所示。

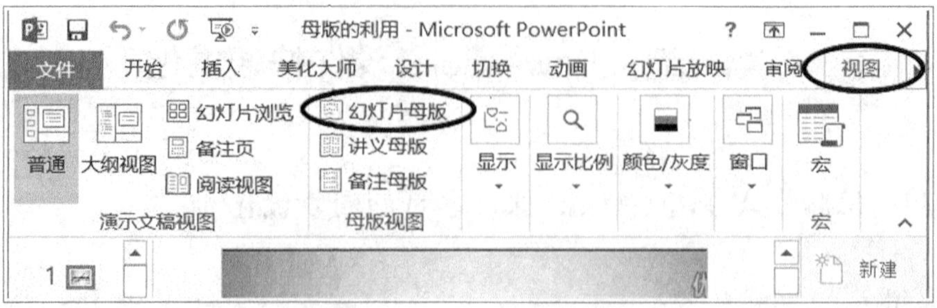

图 3-1-1　打开幻灯片母版

进入“母版视图”，如图 3-1-2 所示。可以看到第二个选项卡已经变成了“幻灯片母版”，同时功能区最右边的按钮也显示为“关闭母版视图”。幻灯片母版除了是在“母版视图”界面内进行设置外，其具体的设置方法和普通幻灯片设置方法没有差别，如“开始”“插入”“切换”“动画”等所有菜单工具均可照常使用。

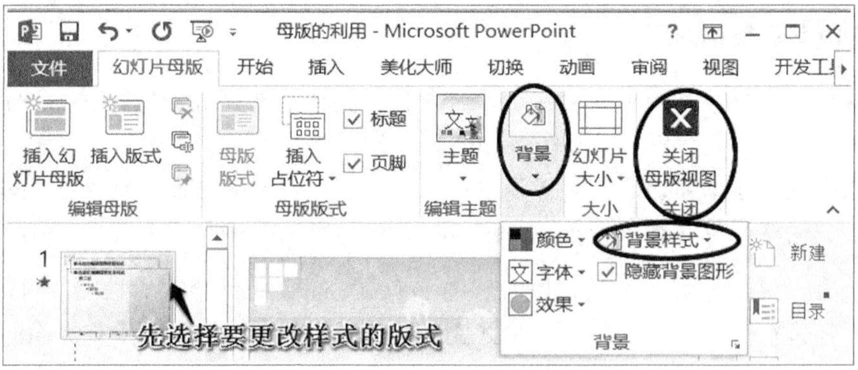

图 3-1-2　在“母版视图”中修改母版背景

（2）统一设置页面的背景色调。

在“母版视图”中，先从左侧选择一种版式（默认是“当前”），单击“背景样式”按钮，选择其中的一种背景样式。选定某种样式后，我们就可以在左边版式和右边正文中同时看到新的背景效果。

（3）设置不同标题级别的字体大小。

再选中一级标题编辑框里的内容，并切换到“开始”选项卡，设置字体格式，比如设为“隶书，44，红色”。

再按需要设置该版式里的其他格式，完成后切换左边的其他版式进行格式设置，设置完成后再切换到“幻灯片母版”选项卡，单击“关闭母版视图”按钮退出母版编辑模式。返回正常的编辑状态下，可以看到，所有页面都应用了刚才母版设置的效果。

（4）插入徽标。

如果想在所有 PowerPoint 页面的某个位置都显示一个同样的图标，比如校徽，则可以先选中左边第一个版式，然后点击图 3-1-3 中“插入”菜单中的“图片”按钮。

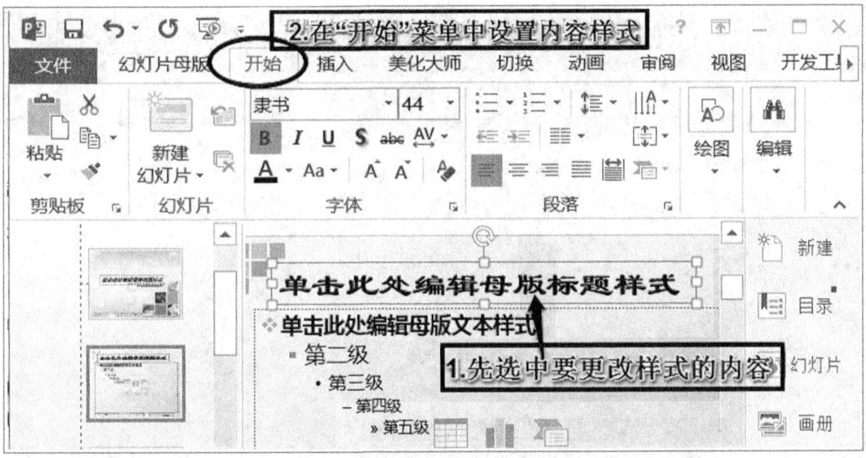

图 3-1-3　在"母版视图"中修改母版的内容样式

应用拓展

进入"母版视图"后，经常会发现有很多母版版式页面，但很多版式不像普通视图那样可直接选中删除。若想删除这些页面，只需选中每个母版版式的"母页"，按 Delete 键即可。

二、利用 iSlide 实现 PowerPoint 课件多页面同步优化

教学案例

那老师要参加说课比赛。她准备好说课内容后，需要制作一个说课课件。她在网上搜集了很多 PowerPoint 课件，想通过快速整合形成自己的课件初稿，然后再进一步完善。可那老师发现，整合后的课件页面样式差异显著。她希望快速统一这些页面样式，以节省课件前期制作时间，从而有更多时间细致修改课件内容。那老师应该怎么做呢？

案例分析与实践指南

从多个来源获得的 PowerPoint 课件格式存在差异，字体、段落、动画等设置不一，如果逐页修改，工作量大而且很麻烦。在本案例中，那老师可使用 PowerPoint 一键化插件——iSlide 对页面样式进行统一设置。

iSlide 可以对字体、段落、动画等进行一键化修改，可以大大提高制作和修改 PowerPoint 的速度。

1. 下载并安装 iSlide

下载并安装 iSlide 插件后，PowerPoint 的菜单栏中便会新增一项"iSlide"，如图 3-1-4 所示。

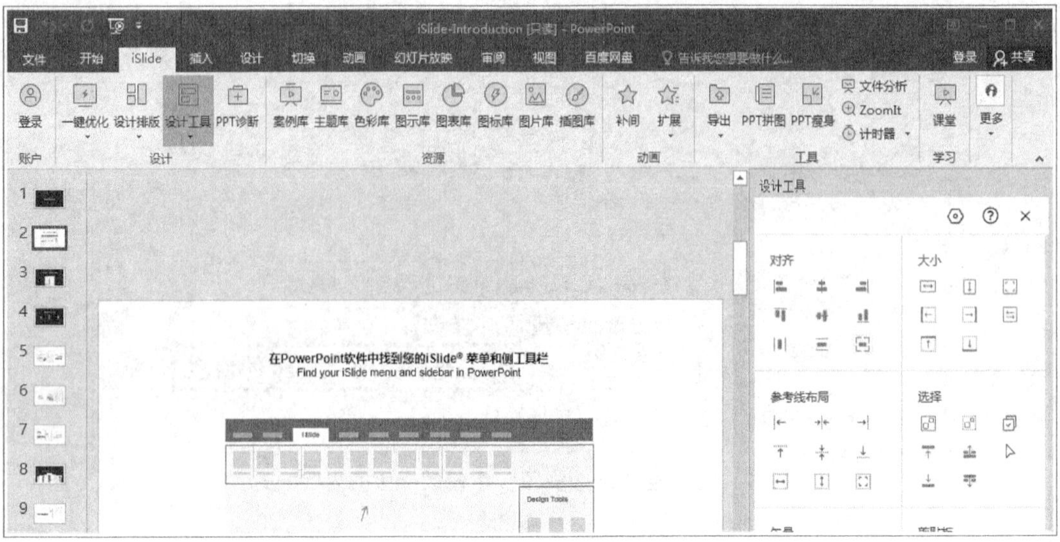

图 3-1-4　PPT 中 iSlide 插件菜单界面

2. 一键统一字体、段落

PPT 中的文字不统一，可以利用 iSlide 插件的“一键统一”工具统一这些字体和段落格式。操作步骤如图 3-1-5 和图 3-1-6 所示，可统一“所有幻灯片”“所选幻灯片”或指定“幻灯片序列”的样式。

3. 设计工具

如图 3-1-5 所示，利用 iSlide“设计工具”，选中需要操作的元素，可快速实现对齐、大小、布局、图层位置选择、旋转等功能。

图 3-1-5　iSlide 设计工具

图 3-1-6　一键统一段落

4. 快速实现设计排版

iSlide“设计排版”主要针对的是幻灯片的图形元素。利用“设计排版”选中需要操作的图形，可以快速实现各种排版、裁剪效果，以及实现整个幻灯片的增加水印和删除水印功能。

第二节 利用 Articulate Storyline 制作交互式学习课件

一、Articulate Storyline 简介

Articulate Storyline 是 Articulate 公司于 2012 年推出的一款多媒体课件开发工具，可以开发出具有交互功能的课件。与常规侧重演示的多媒体课件相比，Storyline 可以创设更为丰富的人机互动。其主要功能、特点有以下几方面①：

（1）易于操作。

①人性化的用户界面：符合使用习惯，容易学会，其界面和 PowerPoint 界面非常相似。

②多样化的页面模板：内嵌常见互动，模板库可自制与扩充。

③丰富的人物选择：有超过 47 500 种人物、表情和动作的组合。

（2）支持创建多种效果。

①页面分层：在同一页面就可以创建多种互动。

②触发器：选择要建立的互动和动作，对要发生动作的条件进行设置。

③状态：通过设置对象的状态来对应用户的不同操作。

（3）支持创建灵活的测试评估。

①测试题：有表格式和页面式两种方式，可以创建 20 种不同类型的测试题。

②拖拽式互动：可以直接创建这一类型的互动。

（4）支持电脑屏幕录制。

①屏幕录制：可以通过 Articulate Storyline 录制电脑屏幕，方便我们通过视频来演示电脑上的操作步骤，录制以后只需进行编辑而无须再重复录制。

②软件操作模拟：一次录制，三种模式呈现，即浏览模式、尝试模式（有提示框）、测试模式（有测试反馈）。

（5）发布支持多种格式。

用 Storyline 做出的课件可以发布为 Flash、HTML 5② 或移动设备支持的格式，可在 iPad、

---

① 《Articulate 推出新一代强大课件制作工具：Storyline》，http://blog.sina.com.cn/s/blog_5e1e870701014uzw.html。

② HTML 5 格式，是最新一代的多媒体互动技术格式。它不单单是一种标记语言，更为下一代 Web 提供了全新功能，并将引领下一代 Web 实现类似桌面的应用体验。

台式电脑、笔记本、手机上浏览播放。

常规多媒体课件制作工具如 PPT 或 Flash 也可以达到上述互动效果，只是所花费的时间和精力与使用 Articulate Storyline 相比要多得多。由于 Articulate Storyline 软件在人机互动的设置上内置了许多资源和模板，所以只需要简单设置就可以很快做出所需的互动效果。而且 Articulate Storyline 非常注重兼容性，不管是 Articulate 同系列的产品如 Engage 和 Quizmaker，还是微软办公软件如 PowerPoint、Word、Excel 的文件，均可兼容。更重要的是，Articulate Storyline 的界面和 PowerPoint 界面非常相似，软件用语和操作也非常相似，如图 3-2-1 所示。

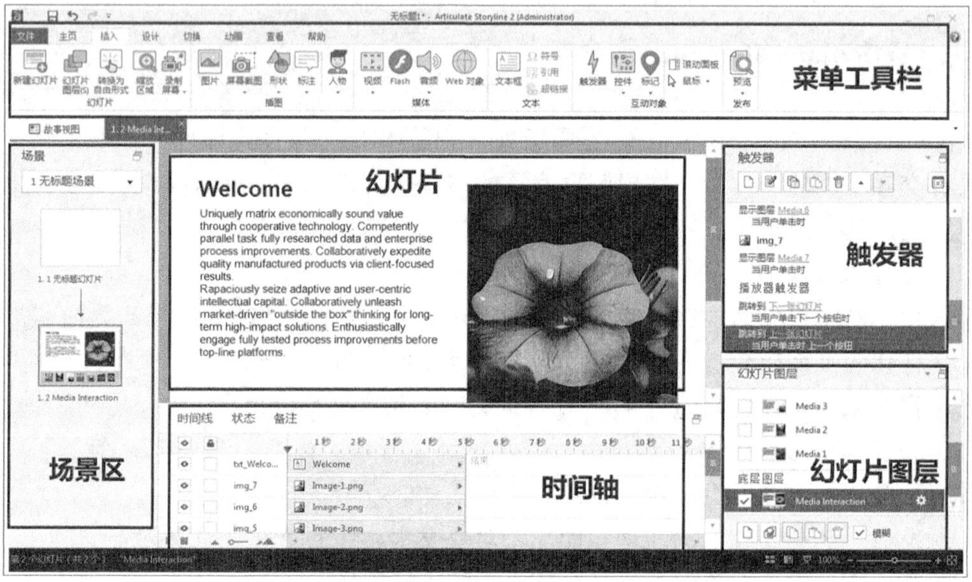

图 3-2-1　Articulate Storyline 幻灯片视图

学习活动

安装使用 Articulate Storyline，探究其与 PowerPoint 的区别和联系。

二、Articulate Storyline 的教学应用

1. 课堂演示与互动

教师不需要编程，即可利用 Articulate Storyline 直接做出有一定演示功能和交互功能的多媒体课件。教师可在课堂里演示课件，并让学生操作，实现课堂互动。图 3-2-2 是用 Articulate Storyline 做出的一个可用鼠标拖拽的练习题课件示意图。

2. 课前、课后用于支持学生的自主学习

由于 Articulate Storyline 课件具有交互功能，比较适合学生操作，因此教师还可以用 Articulate Storyline 课件来支持学生在课后的自主学习。这些支持作用主要有以下方面：

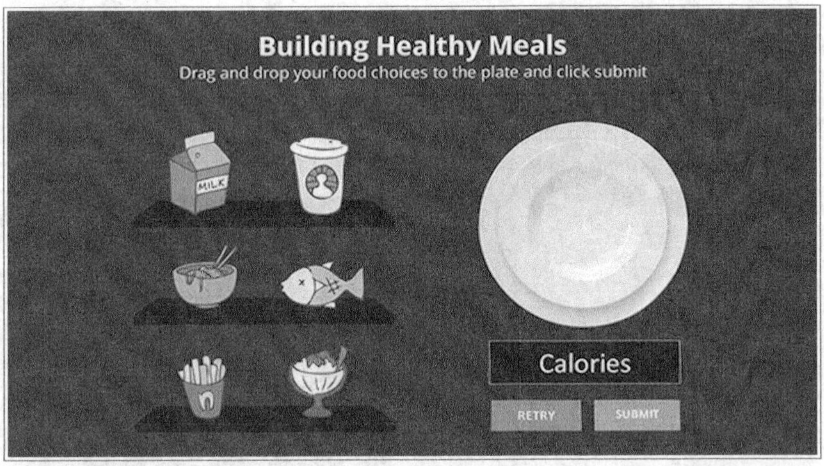

图 3-2-2　Articulate Storyline 做出的可拖拽测试交互课件示意图①

（1）丰富的内容互动。互动是 Articulate Storyline 的特色所在，学生们尤其喜欢这种有互动的学习。

（2）及时的测验评估。如前所述，Articulate Storyline 内置大量测验模板，并支持教师创建题库，而在测验过程中支持学生获得反馈（包括每一道题及总评分），并且在最后的总分结果页面中支持学生回顾测验、重新测验等。这些设计有助于促进学生课后自主学习质量的提高。

（3）可做成微课供学生学习。Articulate Storyline 内置的屏幕录制功能可支持教师制作带有交互效果和练习检测功能的微课。

（4）录制操作屏幕，创建交互式的软件仿真操作。教授一些软件操作时，教师可以用 Articulate Storyline 录制操作过程，然后设置交互功能，让学生进行仿真操作练习。

三、Articulate Storyline 应用实践

下面将以“游玩在吉林”为例讲解 Articulate Storyline 的功能应用，主要涉及四大方面：创建常规课件，教学互动，测试与题库，屏幕录制。

1. 创建常规课件

用 Articulate Storyline 创建如图 3-2-3 所示的常规课件，相应操作与 PowerPoint 操作相似，也十分简单。

---

① 图片来自 E 之家，http://fuwu.aieln.com/tool/storyline/。

图 3-2-3　用 **Articulate Storyline** 创建常规课件的效果图

（1）新建幻灯片。

点击“新建幻灯片”按钮，进入“插入幻灯片”窗口，选择“模板”→“空白”，即可插入一张新的幻灯片。

（2）插入元素。

幻灯片中展示的元素包括图片、文字、视频和音频等。我们需要插入导游人物形象、吉林地图的图片和欢迎的话语。图片、文字等元素的插入方式与在 PowerPoint 中的插入方式类似，这里不做详细讲解。插入人物形象时，打开“插入”菜单栏，点击“人物”按钮，可以插入插画类人物或实拍类人物。如图 3-2-4 所示，在“人物”窗口中选择“人物”“表情”和“姿势”，即可完成人物的插入。

图 3-2-4　在 **Articulate Storyline** 中插入人物

（3）添加动画。

添加合适的动画效果将会为课件增色不少。下面将介绍简单动画和动作路径的添加方法。

为导游添加动作的轨迹——向右进入画面。选择导游人物，打开“动画”菜单栏，点击“添加动作路径”按钮，选择基本类型“线条”，并设置“路径选项”为“向右”，即可完成导游向右进入画面的路径动画。

为欢迎话语添加简单动画如“淡入”“淡出”等，操作方式与在 PowerPoint 中相似。

最后，在时间线中按住鼠标拖动，调整动画进入画面的时间和长短，如图 3–2–5 所示，即设定欢迎语句效果是 2 秒之后进入画面。

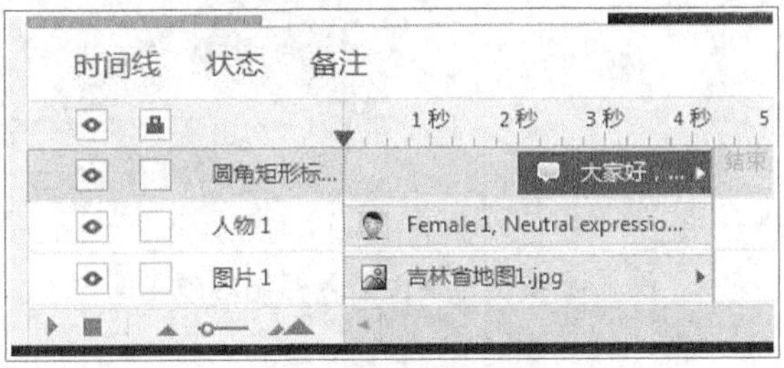

图 3–2–5　使用时间整调整动画属性

（4）预览。

幻灯片设计完成之后，可以点击“预览”按钮及时预览，查看效果。可预览当前幻灯片，也可预览整个场景。课件的预览效果如图 3–2–3 所示。

2. 创建教学互动动画

在 Articulate Storyline 中创建教学互动动画的操作十分简单易学，下面以吉林旅游地图景点标记的创建为例，介绍如何插入“标记”。主要操作步骤如下：

（1）插入标记。

①插入合适的标记。通过“格式”→“标记”按钮，选择合适的标记样式，如“箭头”。

②修改标记样式。根据需要调整标记的样式，并在标签中添加文字说明，还可以添加音频、图片等。

③预览效果。如图 3–2–6 所示，将鼠标移动到箭头标记位置时弹出标题“长白山”，点击鼠标时弹出标签的详细内容。

（2）图层与触发器。

①如图 3–2–7 所示，选择需要添加触发显示图层的图形，如图形 点击了解更多 。

②添加图层。点击幻灯片图层中的“新建图层”按钮，插入关于吉林旅游的更多资讯，可以是图片、文字等多种形式。

③添加触发器。设置显示图层和隐藏图层的触发器。

④预览效果。效果图如图 3–2–7 所示。

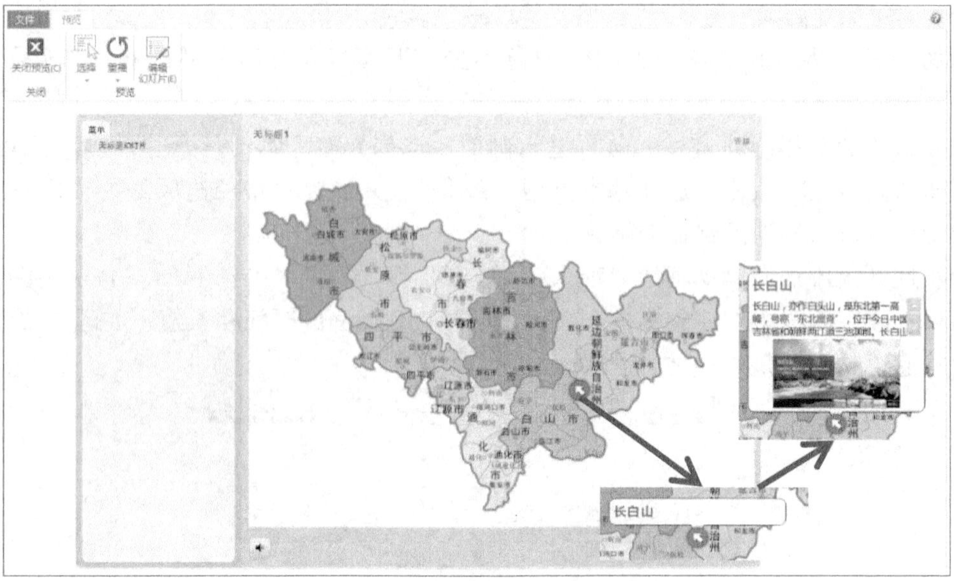

图 3-2-6　为课件插入标记的效果图

图 3-2-7　使用图层与触发器的效果图

（扫描二维码，查看创建教学动画的详细操作步骤；扫描后，请在页面下方选择“以访客身份浏览”）

3. 创建测试和题库

在 Articulate Storyline 课件中，可以设置各种测试方法评估学习者的掌握程度，可以创设单次测验，也可以设置题库支持试题的随机组卷。题型包括判断题、选择题、填空题、匹配题、排序题、数字题、热区操作题等，几乎涵盖测试题的所有类型。

本节以创建“趣味吉林旅游问答”的单选题、题库和结果页幻灯片为例，介绍 Articulate Storyline 创建测试的方法。主要操作步骤如下：

（1）创建单选题。

在 Articulate Storyline 菜单中点击“新建幻灯片”按钮，或者使用快捷键“Ctrl+M”，新建一张幻灯片。在弹出的“插入幻灯片”窗口中选择左侧的“测验”，选择“打分”类型里的“单选题”，如图 3-2-8 所示。点击右下角“插入”确认。

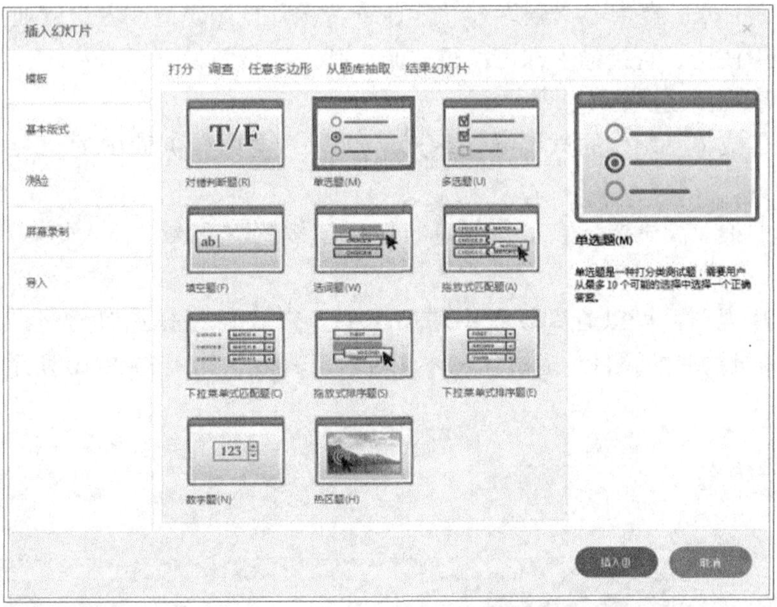

图 3-2-8　Articulate Storyline 提供的多种测试题型

在弹出单选题的编辑窗口“窗体视图”，输入题目、选项，设置正确答案、反馈和分值。完成后其效果图如图 3-2-9 所示。

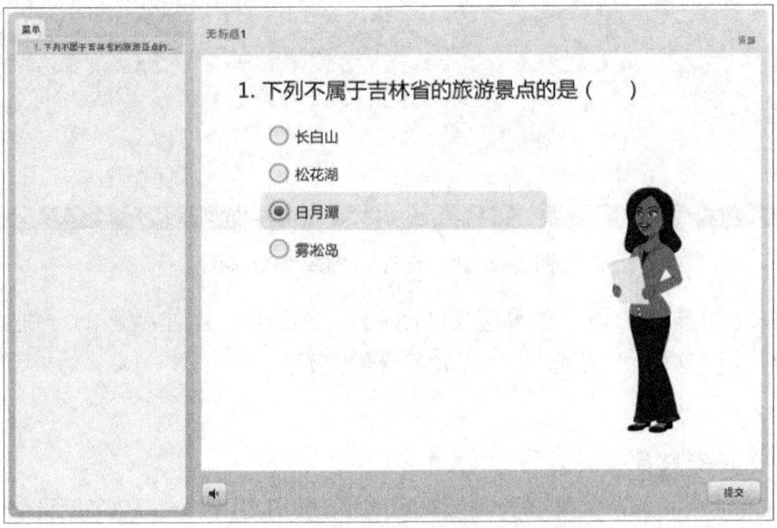

图 3-2-9　创建“单选题”效果图

（扫描二维码，查看应用 Articulate Storyline 创建测验的详细操作步骤；扫描后，请在页面下方选择“以访客身份浏览”）

（2）创建题库。

Articulate Storyline 提供了“题库”功能，支持教师按照题型或者难度随机组卷，如果需要在其他课程中使用，直接输入即可，很方便。其主要步骤如下：

①通过故事视图创建题库。

②逐题创建或将已制作的试题导入题库。点击“主页”页面中的“导入问题”按钮，可直接导入题目。

③从题库中抽取测试题。点击“新建幻灯片”按钮，进入“插入幻灯片”窗口时选择“测验”中的“从题库抽取”。

返回幻灯片视图，可以看到场景中增加了一个带“?”的幻灯片，名为“从题库中抽取”。由于是随机抽取的题目，通过预览才能查看。其效果如图 3-2-10 所示。

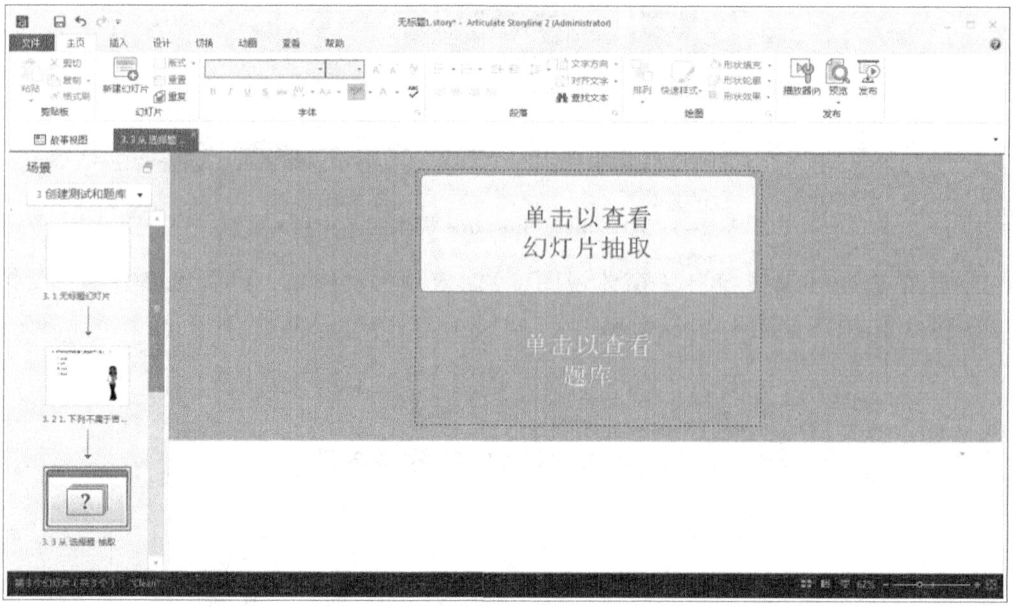

图 3-2-10　创建“题库”效果图

（扫描二维码，查看应用 Articulate Storyline 创建题库的详细操作步骤；扫描后，请在页面下方选择“以访客身份浏览”）

（3）创建结果幻灯片。

通过 Articulate Storyline，可以为测验插入“结果幻灯片”，以实时反馈测验的结果。主要操作步骤如下：

①点击“新建幻灯片”按钮或者使用快捷键“Ctrl+M”创建“打分结果幻灯片”。

②在“结果”和“选项”属性中设置分数、测试的时间、计时方式、结果页显示内容等“结果幻灯片属性”。

设置完成后，预览其效果，如图 3-2-11 所示。

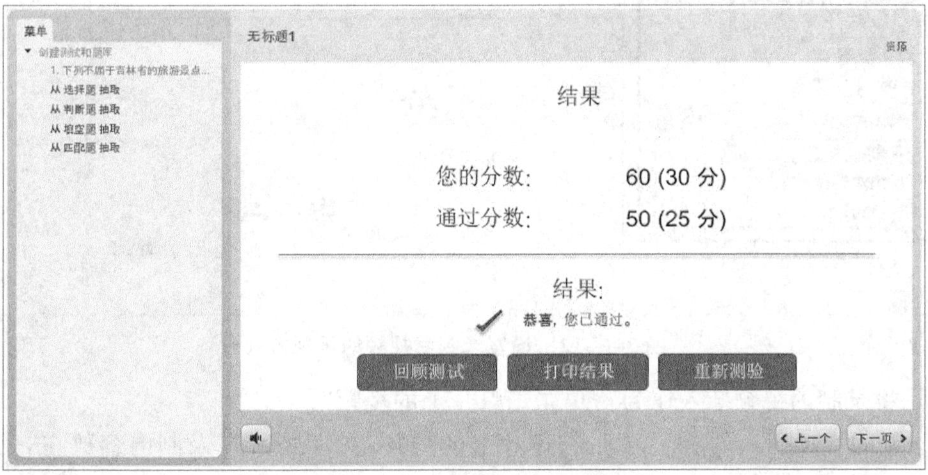

图 3-2-11　结果幻灯片效果图

（扫描二维码，查看应用 Articulate Storyline 创建结果幻灯片的详细操作步骤；扫描后，请在页面下方选择“以访客身份浏览”）

学习活动

使用 Articulate Storyline 创建所任学科的测试题库（20 题以上），至少包含 3 种类型测试题，如选择题、填空题、热区操作题。

4. 创建电脑屏幕录制

Articulate Storyline 丰富的互动与评价功能可以支持学习者的自主学习，而它的录制屏幕功能方便录制屏幕操作，适合用来生成微课程。本部分内容将以“百度地图的使用介绍”为内容主题，介绍如何使用 Articulate Storyline 进行电脑录制屏幕。

具体操作步骤如下：

（1）录制屏幕。

在 Articulate Storyline 中可通过三种方法创建屏幕录制，这里主要介绍通过“插入”的方式进行录制。在“插入”菜单中点击“录制屏幕”工具创建录制；按照提示调整要录制的屏幕的大小，点击录制按钮进行录制。

录制完成之后，弹出“插入幻灯片”窗口，可设置将刚刚生成的屏幕录制文件插入为“单张幻灯片上的视频”或“一步一步幻灯片”，即选择视频呈现方式及相应的模式步骤，如图 3-2-12 所示。以下分别对这两种呈现方式进行介绍。

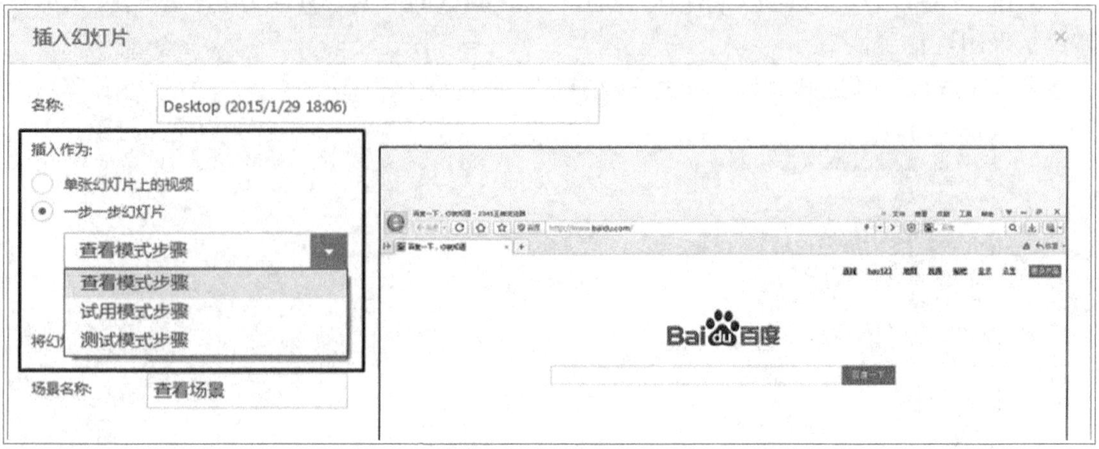

图 3-2-12　设置录制后视频的呈现方式

（2）将录制的视频插入作为“单张幻灯片上的视频”。

将录制的视频插入作为“单张幻灯片上的视频”，即将所有录制内容放在一张幻灯片上，与常规录屏工具录制的视频效果相似。若对录制视频的某些细节不太满意，可以双击视频，在“选项”菜单栏中选择“编辑视频”，在弹出的“Articulate 视频编辑器”中对视频进行编辑，如图 3-2-13 所示。编辑完成之后点击“保存并关闭”即可。

图 3-2-13　Articulate 视频编辑器

（3）将录制的视频插入作为“一步一步幻灯片”。

将录制的视频插入作为“一步一步幻灯片”，即按照录制时的屏幕操作分为多张幻灯片（一个操作对应一张幻灯片）。这是 Articulate Storyline 一个十分独特而且强大的功能。Articulate Storyline 提供三种幻灯片操作步骤分解模式：“查看模式步骤”“试用模式步骤”和“测试模式步骤”。其中“查看模式步骤”效果类似于插入作为“单张幻灯片上的视频”模式，只是多了简单提示，没有为学习者提供操作的机会；“试用模式步骤”可以显示简要提示，学习者可在界面中进行操作；“测试模式步骤”为热区操作演示，可供学习者操作练习，如果学习者操作错误，会给出“错误提示”，直到学习者全部操作正确为止，预览效果如图 3-2-14 所示。

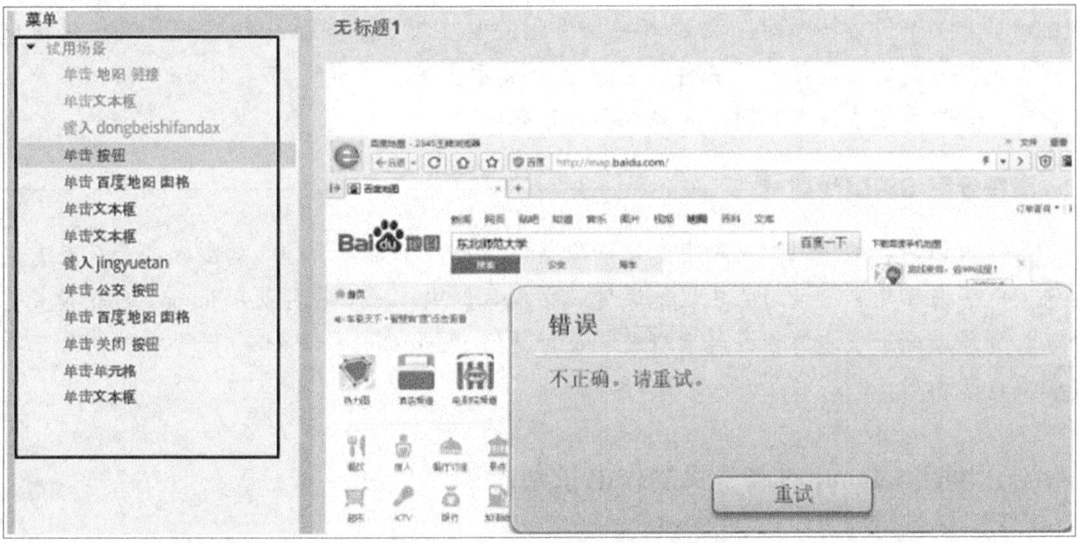

图 3-2-14　“一步一步幻灯片”方式下“测试模式步骤”播放效果图

（扫描二维码，查看应用 Articulate Storyline 创建屏幕录制的操作步骤；扫描后，请在页面下方选择“以访客身份浏览”）

学习活动

以“我和我的家人”为主题，使用 Articulate Storyline 做一个介绍你和家人的简易交互课件，使课件效果类似图 3-2-15。课件页面左边是人物名字，点开每个人物，会出现每个人物简短的视频介绍或文字介绍。

图 3-2-15　“我和我的家人”课件效果参考图

资源推荐

网络上提供了许多免费的 Articulate Storyline 学习教程，使用百度、必应等搜索引擎网站搜索“Articulate Storyline 教程”即可进一步学习。

第三节　多媒体素材快速集成

教学案例

王老师是一名小学班主任，他班上的学生最近参加了“爱国教育”活动，他想借此机会在班里开一个“爱国教育”主题班会。为此，他收集了很多照片和相关资料，想做成一个让人眼前一亮的可以播放的课件，在班会上展示出来。但是，在用 Power Point 整合这些素材时，王老师花了很多时间，效果也不够理想。

案例分析与实践指南

当前的许多实用技术工具可用于支持教师迅速集成多媒体素材，如形成电子杂志、电子相册、电子书等炫彩而灵动的多媒体课件。在本案例中，王老师可使用 iebook 超级精灵将活动素材资料以电子杂志的方式展示出来。也可使用 Flash Gallery Factory 电子相册制作工具快速制成电子相册。

一、利用 iebook 超级精灵制作电子杂志

iebook 超级精灵是一款面向大众的电子杂志制作软件，它操作简单，易学易用，制作者不需要掌握编程、平面设计等技能就能够制作出炫彩动感的杂志。利用 iebook 超级精灵，可以自定义杂志的大小，自定义片头效果，而且在播放时可以自由控制、手动播放，适合边播放边讲解。在其官方网站（http://power. iebook. cn/）还提供许多模板供用户选择使用。iebook 超级精灵对各种多媒体素材有很高的聚合度，非常适合在中小学教学中应用，能够积极调动学生感官，可有效促进学生参与学习。

以王老师的“爱国教育”主题班会为例，制作“爱国教育”电子杂志。安装完超级精灵，制作电子杂志的具体操作步骤如下。

1. 创建新项目

根据自己的喜好选择创建新项目下面的组件尺寸，这里选择标准组件，如图 3-3-1 所示。

2. 插入皮肤和片头

打开工具栏中的“插入”菜单，点击“皮肤”或“片头”，选择自己喜欢的皮肤、片头，如图 3-3-2 所示。

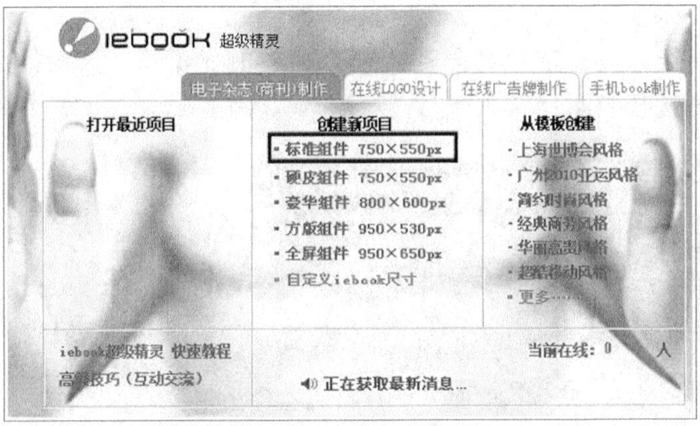

图 3-3-1　创建新项目

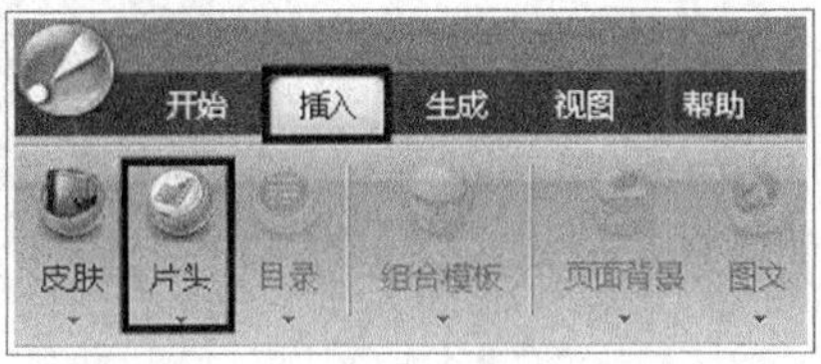

图 3-3-2　插入皮肤和片头

3. 修改皮肤和片头

插入的皮肤和片头是官方提供的模板，带有 iebook 官方字样，可根据需要进行修改，如图 3-3-3 所示。

（1）更换背景："背景" → "更换图片"；

（2）更换封面："封面" → "页面背景" → "背景值"；

（3）更换封底："封底" → "页面背景" → "背景值"；

（4）修改文本：双击要修改的文本，在编辑页面对文字进行替换。

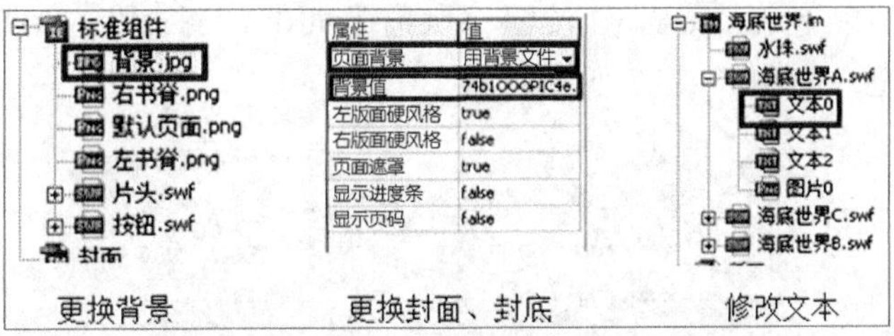

图 3-3-3　修改皮肤和片头

4. 添加页面

单击"开始"菜单下的"添加页面"按钮，如图 3-3-4 所示，然后根据自己的需要在页面内添加文字和图片。

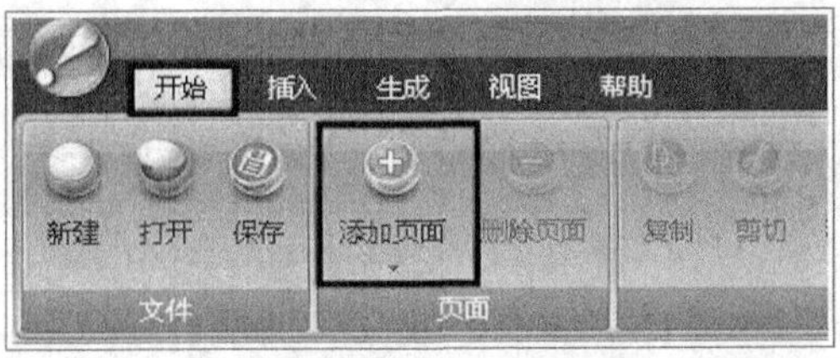

图 3-3-4　添加页面

5. 插入组合模板

为了方便，可以直接用 iebook 超级精灵自带的组合模板，如图 3-3-5 所示，然后按照前述步骤“修改皮肤和片头”中的方法替换图片和文字。

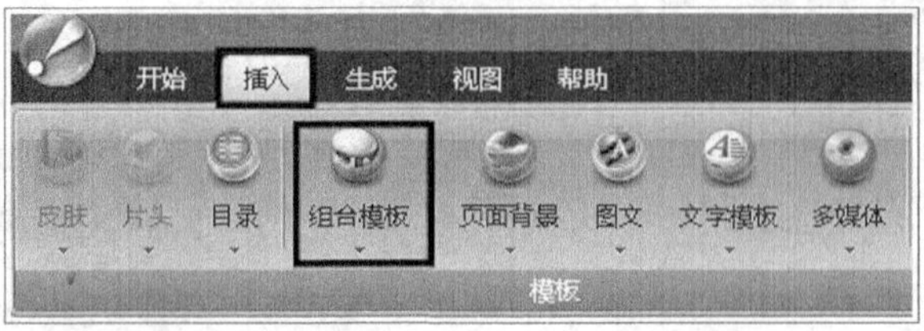

图 3-3-5　插入组合模板

6. 添加特效

点击“插入”菜单下的“特效”按钮，如图 3-3-6 所示，选择需要的特效效果。

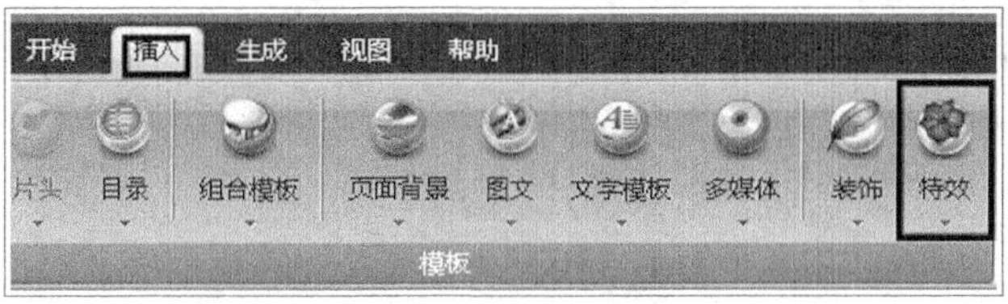

图 3-3-6　添加特效

7. 添加背景音乐

点击“插入”菜单下的“音乐”按钮，点击下面的“添加”按钮，选择音乐路径，然后点击“确定”按钮，如图 3-3-7 所示。

图 3-3-7　添加背景音乐

8. 生成杂志

点击“生成”按钮下的“生成 EXE 杂志”，命名杂志并选择保存路径，即可制作一个简单的“爱国教育”电子杂志，如图 3-3-8 所示。

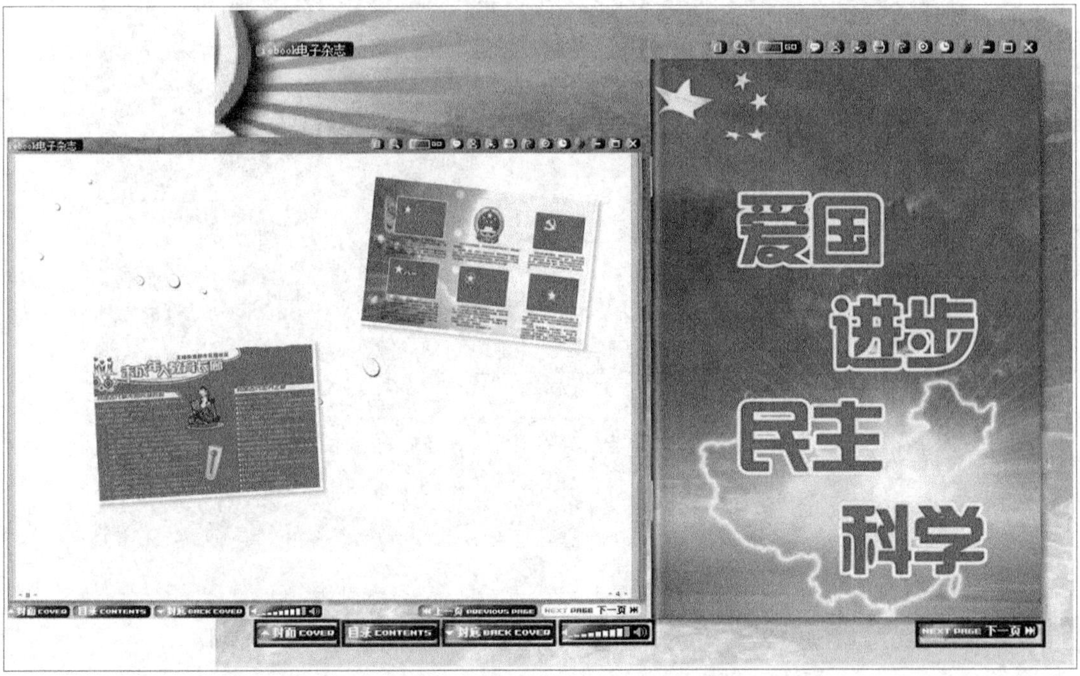

图 3-3-8　“爱国教育”电子杂志效果图

二、其他多媒体素材集成工具

除了 iebook 超级精灵外，还有多款可供教师快速制作多媒体课件的技术工具，如：Flash Gallery Factory（可制作电子相册）、Prezi（可制作演示文稿）、QeBook（可制作电子书），等等。

1. Flash Gallery Factory

Flash Gallery Factory 是一款容易操作又极具创意的电子相册制作软件。它能够将图片转换成绚丽的幻灯片和 Flash 相册等形式，并提供动画模板、多元过渡效果、背景音乐添加等操作，用于制作主题班会相册、校园风光手册、班级介绍和电子纪念册等非常方便。

图 3-3-9 为用 Flash Gallery Factory 制作的“脊椎动物”电子相册。用不同种类的脊椎动物的图片制作成电子相册，可以使学生更加直观地感受脊椎动物的分类，有助于提高学生学习兴趣，激发学生学习动机。

图 3-3-9 使用 Flash Gallery Factory 制作脊椎动物电子相册

（扫描二维码，查看使用 Flash Gallery Factory 制作电子相册的详细操作步骤；扫描后，请在页面下方选择“以访客身份浏览”）

2. Prezi

Prezi 是一款云端演示文稿制作软件，操作简单，易学易用，可以自由放大或缩小画布，运动效果流畅，其类似电影转场手法的展示效果受到许多一线教师的青睐。Prezi 最大的特点是界面可缩放，可以随意手动实现纵观全局或查看细节。Prezi 以路线方式呈现文稿，页面切换模拟拖拽方式且配有各种旋转动作，这样的效果使 Prezi 文稿更具视觉冲击力。在日常教学中，教师可以利用 PPT 和 Prezi 交替变换多媒体课件的演示方式，给学生带来不同的视觉感受。如图 3-3-10 所示为小学“Animals of the park”一课的 Prezi 演示文稿。

（扫描二维码，查看使用 Prezi 制作多媒体课件的操作步骤；扫描后，请在页面下方选择“以访客身份浏览”）

图 3-3-10　使用 Prezi 制作多媒体课件

资源推荐

且行资源（http://www. qiexing. com/）是一位教育技术学专业学者的博客站点，站点提供了一些实用教与学技术工具的介绍与经验推广，主要推荐和分享多媒体课件制作的相关资源和技巧。

教育技术学自留地致力于 Web2. 0、新媒体、社会性网络、慕课、微课、基于移动终端的一对一数字化学习、技术支持的教师专业发展、教育技术学基本理论等领域的研究和实践。

"EduTech 自留地"微信公众号。EduTech 自留地是教育技术学自留地博客（www. jiaojianli. com）的微信公众号。教育技术学自留地致力于 Web2. 0、新媒体、社会性网络、慕课、微客、基于移动终端的一对一数字化学习，技术支持的教师专业发展、教育技术学基本理论等领域的研究和实践。

学习活动

使用 iebook 超级精灵或 Flash Gallery Factory 制作介绍家庭成员的电子杂志或电子相册。

本章小结

➢ 教师可使用 PPT 母版功能快速设置课件内各模块内容的风格，使用 iSlide 插件一键化批处理课件样式，并通过许多相关的小工具自如放映 PPT 演示文稿。
➢ Articulate Storyline 是一款新近的多媒体课件制作工具，其主要功能有：(1) 创建常规课件；(2) 创建教学互动动画；(3) 创建测验和题库；(4) 创建电脑屏幕录制。用

Articulate Storyline 制作出的课件可用于课堂演示，更适用于学生课外的自主学习。

- 除 PowerPoint 外，教师还可应用如电子杂志制作工具 iebook 超级精灵、电子相册制作工具 Flash Gallery Factory、演示文稿工具 Prezi 等多媒体集成工具快速制作不同风格的多媒体课件，使课堂教学更加丰富多彩。

本章习题

1. 填空题

（1）打开 PowerPoint 母版的基本步骤是____________________________________。

（2）iSlide 插件的作用是____。

（3）放映 PowerPoint 时将幻灯片调成黑屏的快捷键是________________________。

2. 简述题

（1）如何将 PowerPoint 指定的三张幻灯片版式快速设置为母版某一指定版式？

（2）如何在 PowerPoint 放映过程中快速切换应用程序？

（3）若 Articulate Storyline 录制文件为“一步一步幻灯片”模式，有哪三种幻灯片操作步骤分解模式？它们各自具有哪些特征？

（4）Articulate Storyline 可用于支持学生的哪些学习活动？

第四章

微课程的设计与开发

学习背景

近几年，微课程作为一种新的在线学习资源，其设计与开发受到了众多教育实践者的关注。本章将首先带领大家认识微课程，然后简要介绍如何设计微课程，在此基础上介绍制作微课程的简易方法，包括常用、实用的微课程制作工具及其基本使用方法，最后介绍微课程的教学应用方法，期望可以帮助教师便捷地制作出满足自己教学需求的微课程。

学习目标

1. 能够举例说明微课程与传统课程的区别；
2. 能够针对所授学科的重要知识点进行微课程设计；
3. 能够借助适当的工具制作一个5～10分钟的微课程；
4. 能够结合所授学科，说出微课程的教学应用。

本章内容导图

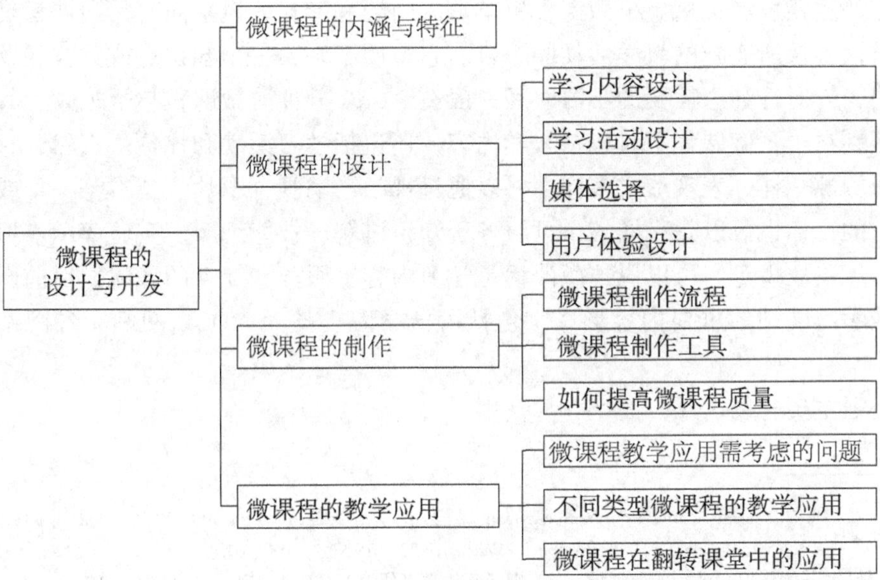

第一节　微课程的内涵与特征

近几年，微课程（Micro-lecture，简称微课）作为一种新的在线学习资源，其设计与开发受到了众多教育实践者的关注。微课程的出现原因有两方面：一是人们有限的时间面对不断增长的知识资源；二是学习的技术媒介环境引发了微型学习，尤其是媒介终端设备的微型化，以及众多社交媒体共同构建的微学习环境，如微博、微信、Wiki（维基）等。这些共同刺激了微型学习内容的大量产生，包括微课程的产生及流行。

微课程的理论基础是微型学习（Micro-learning）。微型学习被看作新的学习环境下实现非正式学习的一种实用模式，它的出现与学习媒介终端和内容的微型化有着密切的联系。其中的英文原词“Micro”具有微、小、轻、快的含义，“Micro-learning”既表示学习内容模块的知识含量微小，也蕴含对这种学习的属性特征的描述。微型学习是一种能通过多种媒体设备实现的轻便、简短、轻松、高效率的学习体验。它可以发生在我们用早餐、上下班途中、开会、使用计算机、闲暇等时间。

微课程的雏形最早见于美国北爱荷华大学勒鲁瓦·麦格劳（LeRoy A. McGrew）教授所提出的“60秒课程”（60-Second Course）①及英国纳皮尔大学 T. P. Kee 提出的“一分钟演讲”（The One Minute Lecture，OML）②。而最早提出微课程这一概念的是美国新墨西哥州圣胡安学院的高级教学设计师、学院在线服务经理戴维·彭罗斯（David Penrose）（2008）。他提出建设微课程的五个步骤为：罗列教学核心概念；撰写15～30秒的介绍和总结，为核心概念提供上下文背景；录制长为1～3分钟的视频；设计引导学生阅读或探索课程知识的课后任务；将教学视频与课程任务上传到课程管理系统。

几年来快速的实践发展又赋予了微课程更丰富的内涵和形式。概括而言，微课程是对某个知识点的教学内容及所实施的教学活动的综合。它是用于讲明一个知识点或具体问题的小课程，主题突出，针对性强，需要的学习时间一般在5～20分钟。微课程与微视频、其他一般学习资源的区别在于，微课程不仅包括教学内容，还包括学习活动和评价。当然，它和其他的数字化学习资源一样，表现形式多样，可以通过视频、动画、图片、文本等一种或多种媒体来表现。它的目标也可以是多样的，可服务于知识讲解、技能观摩、实验演示、习题讲解、集体答疑、叙述故事等。可以说，微课程是学习内容、服务和互动的载体。目前微课程已成为众多在线学习网站的重要内容形式，包括可汗学院、各大 MOOC 网站、各网站提供的云课堂等。

微课程的特征主要有以下几方面③：

---

① McGrew，L. A. “A 60-seconds course in organic chemistry,” *Journal of Chemistry Education* 70.7（1993）：543-544.

② Kee，T. P. “The one minute lecture,” *Education in Chemistry* 32（1995）：100-101.

③ 余胜泉、陈敏：《基于学习元平台的微课设计》，载《开放教育研究》，2014，20（1），100～110页。

（1）教学针对性强，适用于针对某个小知识点或具体问题解决的小型化、针对性教学。

（2）教学时间较短，一般为 5～20 分钟，不宜超过 20 分钟。

（3）教学结构完整，包括教学内容、教学活动、学习评价及课程学习认证。

（4）资源容量较小，总容量一般不超过 100 MB，可通过多种终端访问，支持移动学习。

（5）它是一种教育服务，不是单纯的学习资源，而是通过学习资源承载的教育服务，指向问题解决，需要对学习过程提供沟通与支持服务。

知识链接

可汗学院是由美国工程师萨尔曼·可汗（Salman Khan）创立的，他亲自讲授并发布了大量在线授课视频。为使教学内容容易被消化和理解，萨尔曼·可汗将每段教学视频的时长尽可能控制在 10 分钟以内。每个视频里都是对知识点的讲解和演算，没有任何他自己的影像。这些视频教程很快受到网友们的关注和热捧，萨尔曼·可汗由此创建了可汗学院。萨尔曼·可汗的这些教学视频就是微课程，以知识点为单位，时间简短。

当前美国一些学校已经用观看可汗学院的教学视频替代传统课堂教学中的讲授环节，课堂上则集中讨论、巩固与练习，教师集中答疑或学生进行协作探究。可汗学院现有关于数学、历史、金融、物理、化学、生物、天文学等科目的教学影片超过 2 000 段，并不断更新。①

资源推荐

除了可汗学院外，国内外不断涌现出许多优质的微课程资源。

（1）中国微课大赛网（http://www.cnweike.cn/）。中国微课大赛由教育部指导，教育部教育管理信息中心主办。该网站集结了大量来自中小学一线教师的优秀微课程及应用案例。

（2）国家开放大学的五分钟课程网（http://www.5minutes.com.cn）。该网站集结了数百个学科领域的近万门课程。这些课程以微视频为主，视频时长一般为 5～15 分钟，每个视频旨在回答一个问题，清楚明了，可切实满足碎片化自主学习的需求，是当前我国不可多得的免费精品微课程资源。

（3）名师名校微课网（http://www.vko.cn）。该网站集结了由北京著名教研机构和顶级名校的百位顶级名师制作的精品微课程资源，可为教师日常教学提供有益参考。

（4）TED（http://www.ted.com）。TED 即“Technology”（技术）、“Entertainment”（娱乐）、“Design”（设计）的英文缩写。该网站集结了全球科学、设计、文学、音乐等领域的众多杰出人物关于技术、社会、人的思考和探索的演讲视频，视频时长一般为 5～20 分钟。

---

① 可汗学院的含义，参见百度百科 http://baike.baidu.com/link?url=xLOq9VaF5nwC2lSGnB31AGLfqz8Ql0pIo9yjyqj0Mkh_4YAmljWyD5bzEOSQKPLfaSqH_5vFOMFL_BrslhlEvq。

TED 的每一段视频中，演讲者紧紧围绕着由其实践和研究凝练而成的核心观点，注重整个过程的构思编排，非常切合微课程的教学理解与应用。

（5）李玉平视频微课程（http://whliyuping. blog. 163. com/blog/static/32437562012111013839）。这些微课程来自一线教师丰富的教学实践，课程内容较为丰富，涵盖了与教学有关的感人故事、针对日常课堂教学问题所展开的深入研究、精彩的教育电影改编、教师教育培训课程等。

第二节　微课程的设计

微课程看似简单，实则对课程设计提出了更高的要求，追求的是以精致取胜。无论是何种表现形式的微课程，都有基本的结构，都需要立足于对学习目标、学习者、学习环境的分析进行精心的教学设计。微课程因其表现时长的有限性、应用情境的多样化、使用时间的碎片化，较之传统课程，对学习目标、学习内容构成及内容表现形式的设计有更高的要求。

上一节中提过，微课程的基本结构包括微型资源、学习活动、学习评价和认证服务。相应的，对于微课程的设计，应注意学习内容、学习活动、媒体设计、用户体验上的设计把握。

一、学习内容设计

一般来说，微课程的内容大致包括导入、内容主体、活动与反馈、总结几个关键环节。微课程的内容设计遵循的原则是小模块、微型化设计，具体包括以下方面①：

（1）最小粒度原则。一个微课程最好只讲一个知识点，这就需要进行知识点细分。

（2）学习对象自包含原则。既微小又完整，是微课程的重要特征，即每个微课程对应一个知识点，要提供相对完整的知识组块。在一个微课程内，有关该知识点的内容、学习活动、评价都要自包含。自包含原则可以使微课程具备较好的重用性。

（3）学习对象关联与重组原则。在最初设计时，需要对课程有统筹的、整体的设计，使知识点的碎片化设计与课程的整体性相统一。这样做，可以在需要的时候把松散的各个知识点的微课程重组，构成一个连续性的完整学习模块，这也是微课程的灵活性体现。当前许多 MOOC 课程都是由一个个微课程组成的。

（4）标准化原则。微型移动学习资源开发应遵循一定的标准，比如可以借鉴 SCORM（Shareable Content Object Reference Model，共享内容对象参考模型，或共享组件引用模式）标准，这样有利于促进微课程的共享。

---

① 余胜泉、陈敏：《基于学习元平台的微课设计》，载《开放教育研究》，2014，20（1），100～110 页。

二、学习活动设计

微课程设计的学习过程设计更为重要，因为它引领着学习者对学习内容的加工。在微课程中设计学习活动的目的是调动学生的参与、激发他们的反馈。

设计微课程时，不能光让学生看、听，还要让他们积极参与，并提供实时反馈。可结合学习平台的功能配合设计一些互动活动，包括讨论、投票调查、测验、学习反思、发布作品、互评等，同时可以提供一些功能选项，支持学生标记、评价、分享课程内容，促进学习的社会化。

微课程学习活动的设计需要遵循简单原则、少输入原则、学习交互的情境性原则等①，这几个原则主要是针对微课程的移动学习应用需要提出的。比如，少输入原则，即尽量让学生进行选择或拖拽，主要是考虑到在移动终端设备上不方便输入文字；情境性原则，即课程设计要考虑对不同终端的自适应，根据不同终端提供不同的互动方式。

在微课程的学习活动设计里，尤其要重视重点和难点内容的反馈设计。在互联网时代，可学的课程很多，学习者容易浅尝辄止，吃不透知识。因此，微课程需要设计及时的反馈，在学习者学完后及时通过测验、讨论等进行评价。

三、媒体选择

在媒体选择上，微课程也有很大的空间。但考虑到微课程的主要应用场景之一是移动学习，其设计最好遵循“最简媒体”原则，即在说明一个问题时，最好以一种主要媒体为主；同时要尽量减少与教学目标无关的内容素材。

不同的媒体具有不同的表现力。比如，文字具有较强的抽象概括能力，常用于阐明学习目标，描述概念、规律、定律等抽象内容，也可以用于突出主题、画龙点睛、总结陈述，还有易检索的优点。图片，与文字结合可以取得较好的效果。尤其对于成人学习者来说，图片比单纯的文字更容易吸引他们的注意力，使其在非连续的状态下能够投入学习。声音素材，一般包括用于系统说明、承上启下的解说，烘托气氛、深化主题的背景音乐，以及常与视频和动画画面配合使用以增强画面表现力的音效这三种类型。动画适合用来展示知识过程，比如卫星发射的过程、护理病人的过程、分子运动的过程等。视频则可以用来提供有趣的情景化事件。使用时，要注意控制动画和视频的大小。

① 余胜泉、陈敏：《基于学习元平台的微课设计》，载《开放教育研究》，2014，20（1），100～110页。

四、用户体验设计

内容上遵循“少即多”的原则，尽量少用与内容无关的素材，突出主题内容。

在界面设计上要文字规范，图像清晰优质，画面布局合理，简洁明朗，具有视觉美感，导航清晰明了，各种操作符合用户日常操作习惯。

在交互设计上，大多数微课程并不能像网络课程那样嵌入大量交互功能与资源，而是把交互设计融合于界面设计，主要体现在两个方面：一是对界面本身的操作设计；二是嵌入界面的学习活动设计。界面交互设计主要用于提高微课程的友好性，实现对学习内容与环境的自主设置。比如，学生能够随时快放、暂停视频内容；能够选择是否打开背景音乐；能够设置是否显示字幕或者显示何种字幕；能够对视频局部进行放大或缩小；等等。另外，还需要注意的是，不同学生可能利用不同的学习设备学习微课程，所以需要允许学生按自己的偏好设置界面显示分辨率与显示风格。学习活动设计如上文所说，可以插入提问、测验等活动，增加学生与学习内容的交互性。

知识链接

（1）应用 PowerPoint 录制微课程的一些技巧。

不少教师会使用 PowerPoint 录制微课程，即对着电脑上的 PowerPoint 课件讲课录屏，后期再进行基本的剪辑和加工。教师在录制这种微课程时，可以适当利用 PowerPoint 内置的页面间的转场效果。另外，经过研究发现，PowerPoint 加教师头像的效果比单一的 PowerPoint 呈现效果要好，因此在制作微课程时，可以适当切换教师同步讲授的画中画，让学生感受到教师在同步指导，这可以在一定程度上提升教师与学生的社会临场感，有利于在社会性层面促进学生学习动机的生成与维持。

（2）增加微课程吸引力的方法。

让学习者获得开放、快乐的微学习体验，这也是相当重要的设计原则。

创设自由快乐的学习体验，一个通用的做法是，在微课程中间插入一些需要学习者通过按键或拖拽来回答的测验题，这么做可以维持学习者的学习注意力和兴趣。这里插入的测验题不宜过难，主要目的是提神。

在内容设计上，为了让人们更愿意点击和观看微课程，专业的微课程设计者最经常采用的方式之一是幽默；方式之二是情景吸引；方式之三是问题吸引。幽默，会让学习更轻松，会让说教更令人舒服；情景，会唤起人的共鸣；问题，能抓住人的注意力。这些也是基本的设计策略。①

① 《三分钟，你该如何设计——微课程设计原则》，http://blog.sina.com.cn/s/blog_4e8b62e801018po3.html。

第三节　微课程的制作

案例情境

杨老师是一名物理教师，对微课程的应用非常感兴趣，并对微课程的本质内涵与特征有比较深入的理解，掌握了微课程目标设计、内容设计、界面设计的基本原理。杨老师决定选取自己所授学科的几个知识难点进行实际的微课程制作。杨老师期望，有些知识难点以PPT讲解的方式表现，用于支持学生学习新课程，有些知识难点以讲故事的方式体现，以拓展学生的知识理解，有些知识难点以在黑板上演示解题步骤的方式表现，还有些知识难点以实际演示实验方式表现。杨老师希望能够全面了解适合于不同类型微课程内容与表现方式的微课程制作技术，掌握一些便捷而实用的微课程制作工具的操作方法。

案例分析与实践指南

杨老师所遇到的问题是许多教师最开始制作微课程时都会遇到的问题，常常有一些教师虽然对于微课程的教育价值有充分的认识，也对微课程的目标与内容进行了精心的设计，却因为没有找到适当的微课程制作方法、没有采用适当的微课程制作技术工具，而对微课程的制作望而止步，对微课程的应用热情也大大削减。其实，微课程虽微，其制作过程涉及方方面面，教师不但需要进行精心的前期需求与设计，还需要能够熟练掌握不同类型微课程的制作方法，并能够对微课程进行适当的后期编辑和美化，等等。在本案例中，最重要的是让杨老师了解不同类型微课程制作的基本方法，找到微课程制作中最简便实用的技术工具，如有哪些制作流程、可以用哪些制作工具、有没有一些实用的制作技巧，让他能够较轻松地完成整个微课程制作过程。

一、微课程制作流程

微课程按其制作方法划分，主要有PowerPoint演示录屏型、可汗学院型（手写板型）、真人授课拍摄型、自由演示拍摄等①，相应的制作流程包括四个步骤，即确定微课程类型、准备制作工具、演示录制微课程、编辑美化微课程，如图4-3-1所示。

1. 确定微课程类型

根据教学主题来确定微课程类型。微课程的教学主题具有小而精的特点，一般选择某个学科的重点、难点、疑点、例题解析、实验操作等内容作为教学主题。在前期选择好教学主题后，确定该主题应以哪种类型的微课程加以体现，不同类型的微课程对应不同的制作方

① 蔡跃：《微课程设计与制作教程》，28～31页，上海，华东师范大学出版社，2014。

法、制作流程和制作工具，如表4-3-1所示。

图4-3-1　微课程制作流程

表4-3-1　不同类型微课程的制作方法

微课程类型	比较适合的制作方法（主要制作工具）
复习总结类	（1）真人授课拍摄（摄像设备） （2）PowerPoint 录制+授课音频（屏幕录制软件） （3）画中画（视频编辑软件，如会声会影）
习题讲解类	（1）自由拍摄（纸笔解题+摄像设备） （2）可汗学院（手写板+屏幕录制软件+画图工具）
演示实验类	（1）PowerPoint 或电脑桌面演示（屏幕画笔工具） （2）实验演示（摄像设备）
知识拓展类	多媒体素材整合（PowerPoint+多媒体素材编辑工具）

2. 准备制作工具

根据不同的微课程类型选择和准备制作工具，例如，需要拍摄时可使用摄像机、DV（Digital Video，数字视频）、照相机、手机、平板电脑等，需要录制屏幕时可安装相应的录屏软件，如Camtasia Studio、Articulate Storyline、超级录屏、屏幕录像专家等，需要演示解题过程时可使用写字板软件、画图软件、屏幕画笔工具等。

3. 演示录制微课程

根据微课程制作脚本（如画面内容、时间、视频分辨率等）演示与录制微课程。如PowerPoint演示录屏类的微课程录制，就需要在电脑中同时打开相应的软件工具，包括PowerPoint、屏幕录制软件、画图工具、屏幕画笔工具等，如需要录制声音，还需对话筒进行调试以选择最佳的声音效果。在录制过程中，教师须根据教学需要灵活应用各种工具，例如，需要突出某一重点时，除了在PowerPoint中强调标注外，还可在电脑桌面上通过画图工具或缩放工具进行再次强调，以增进学生对学习内容的关注和理解。

知识链接

微视频是微课程的核心内容，因而在微视频的设计与制作中，教师必须善于将微课程的“微教案”转化成主线清晰、目标明确、操作性强的“微脚本”。教师可按照如表4-3-2所示的微课程脚本设计模板做好规划，不仅便于理清讲课思路，也便于微视频的拍摄与后期加工。

表4-3-2　微课程脚本设计表模板

<table>
<tr><td>微课程编号</td><td></td><td>微课程标题</td><td colspan="3"></td></tr>
<tr><td>微课程目标</td><td></td><td>微课程学习重点</td><td colspan="3"></td></tr>
<tr><td>序号</td><td>分镜画面（时间）</td><td>内容素材</td><td>内容旁白</td><td>预期的学生表现</td><td>备注</td></tr>
<tr><td>1</td><td></td><td></td><td></td><td></td><td></td></tr>
<tr><td>2</td><td></td><td></td><td></td><td></td><td></td></tr>
<tr><td>3</td><td></td><td></td><td></td><td></td><td></td></tr>
<tr><td>4</td><td></td><td></td><td></td><td></td><td></td></tr>
<tr><td>…</td><td></td><td></td><td></td><td></td><td></td></tr>
</table>

4. 编辑美化微课程

在完成微视频录制后，需要对其进行编辑处理，如添加片头片尾、各类标注、字幕特效等。微课程的时长一般为5～20分钟，不宜超过20分钟，可以使用视频编辑软件的剪辑功能去除与课程内容无关的片段，也可使用一些自身带有视频剪辑功能的录屏软件如Camtasia Studio，在微视频录制结束后直接进行剪辑。对于其他如需要画中画特效的情况，可用专业的视频编辑软件iSkysoft Video Editors或会声会影加以编辑。

二、微课程制作工具

以下以制作最为常规的PowerPoint演示录屏型微课程为例，介绍微课程的制作工具。按其制作流程，这些制作工具主要有录屏工具、画图演示工具、视频编辑工具。

1. 录屏工具

录屏工具有很多，各自的特色及功能大同小异，主要区别在于录屏工具所支持的输出格式以及是否自带一定的剪辑功能。以下按照微课程视频制作的实际需要简单介绍几种典型实用的录屏工具，如表4-3-3所示。

表 4-3-3　几种典型实用的录屏工具

工具名称	输出格式	特色功能	局限性
Camtasia Studio	MP4 - Flash/HTML 5 player, WMV, MOV, AVI, M4V (iPod、iPhone 和 iTunes 兼容视频), iPhone 和 iTunes 兼容视频, MP3, GIF	自带强大的视频编辑功能；视频标注、鼠标动作可个性化设置，样式较为丰富；可根据课程需要在视频内添加测试题	字幕位置只能固定在视频下方
Articulate Storyline	MP4-Flash/HTML 5 player	可制作交互效果，支持后期如删减、添加字幕等简单编辑；适用于各种移动设备；可用于电脑操作步骤的练习与检测	以文件方式输出，后期格式转换繁杂
屏幕录像专家（共享版）	FLV、WMV、AVI、Flash、EXE	支持后期编辑；使用简单，录制过程隐匿方便	除 EXE 格式外，其他格式输出文件大，后期编辑困难
超级录屏	AVI、FLV	操作简单，免费方便	只能录制，无编辑功能
Screen2SWF 或 Screen2EXE	SWF、EXE	小巧，免费，操作简单便捷；自动标识鼠标操作（鼠标点击的地方录制后自动形成黄色闪光圈）；支持简单的后期编辑，如添加字幕、标注等	可输出格式少，字幕样式单一

这里以当前教师常用的微课程制作工具 Camtasia Studio 的 Recorder 工具为例，介绍录屏工具的使用。Camtasia Studio 可通过直接打开 Camtasia Recorder 或者在 Camtasia Studio 内进行录制，此外该软件还加载到了 PowerPoint 当中，可以直接录制 PPT 演示过程并输出为 HTML 5 格式，用于在 iPhone 等移动设备上播放。如图 4-3-2 所示为打开录制工具的多种方式。

使用 Camtasia Recorder 的录制过程如下，如图 4-3-3 所示：

①录制区域设置：Camtasia 支持设置所要录制的区域；

②录制声音设置：可根据需要选择是否录制声音；

③设置完成后，点击“rec”按钮（或快捷键 F9）开始录制。

④录制完成后点击“停止”录制按钮或使用快捷键 F10。根据需要选择“保存并编辑”或直接发布为 . camrec 项目文件或 . avi 视频文件即可。

由此即可完成屏幕录制，如需对视频进行编辑，请参考后文“视频编辑工具”部分内容。

图 4-3-2 Camtasia Studio 的多种录制方式

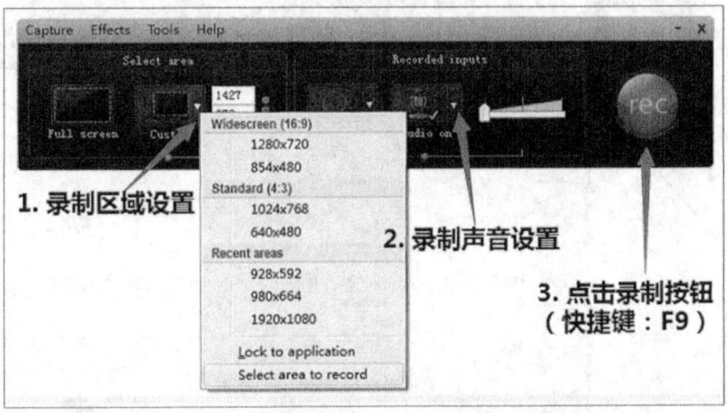

图 4-3-3 Camtasia Studio 的 Recorder 工具界面

2. 画图演示工具

演示 PowerPoint 的过程一般还需要附加一些解题演绎过程、简单的图示、缩放、强调等来强化学习者的理解，所以微课程制作中还需要一些画图演示类工具加以辅助。目前微课程中常用的画图演示工具包括电脑自带的画图工具、放大镜工具，可汗学院课程制作常用的写字板工具 SmoothDraw、几何画板、ZoomIt 缩放工具、屏幕画笔、电子粉笔等。这里以写字板工具 SmoothDraw 和屏幕画笔 Pointofix 为例，说明画图演示工具的使用。

（1）写字板工具 SmoothDraw。

SmoothDraw 是一款功能强大的图像处理和自然绘画软件，程序提供图层功能，支持与压感绘图板、扫描仪连接使用，真正支持半透明图像。SmoothDraw 支持的画笔除了钢笔、铅笔、粉笔蜡笔、喷枪、毛刷、图片喷管等之外，还有调整图片的明暗笔、模糊笔、锐化笔，以及上色平滑必备的水模糊笔。其操作简单且实用性强，最大特点是可与手写板完美结合，操作灵活，是含有绘图过程的微课程制作的典型工具。

SmoothDraw 的操作过程如下：

打开 SmoothDraw 软件，在打开的编辑页面中，可以通过“文件→更改画板尺寸”设置画布的大小，以便在教学录课中有足够的空间操作演示教学内容。在画布创建设置好之后，为方便后期演示，教师可以根据自己的需要通过“图层”视图中的“新建图层”按钮创建图层，将不同的素材分别绘制在不同的图层当中，并通过“属性”按钮和“隐藏”按钮调节其属性和设定是否隐藏。

教师可以在任意图层中使用各种工具进行书写与绘制。这里介绍“钢笔”工具的具体操作。在工具选项中选择“钢笔”，通过“前景色”“工具选项”“图层”等菜单对钢笔工具的颜色、笔尖直径、透明度、绘制图层进行相关设置，然后在画布上进行书写。如图 4-3-4 所示，SmoothDraw 提供了丰富的绘制与编辑工具，这些工具使用方法与“钢笔”工具类似，学习者如果感兴趣，可自行尝试使用各种工具。目前该软件的“文本”工具还不能支持中文的输入，需要在演示过程中输入中文时，可辅助使用后文介绍的屏幕画笔 Pointofix。

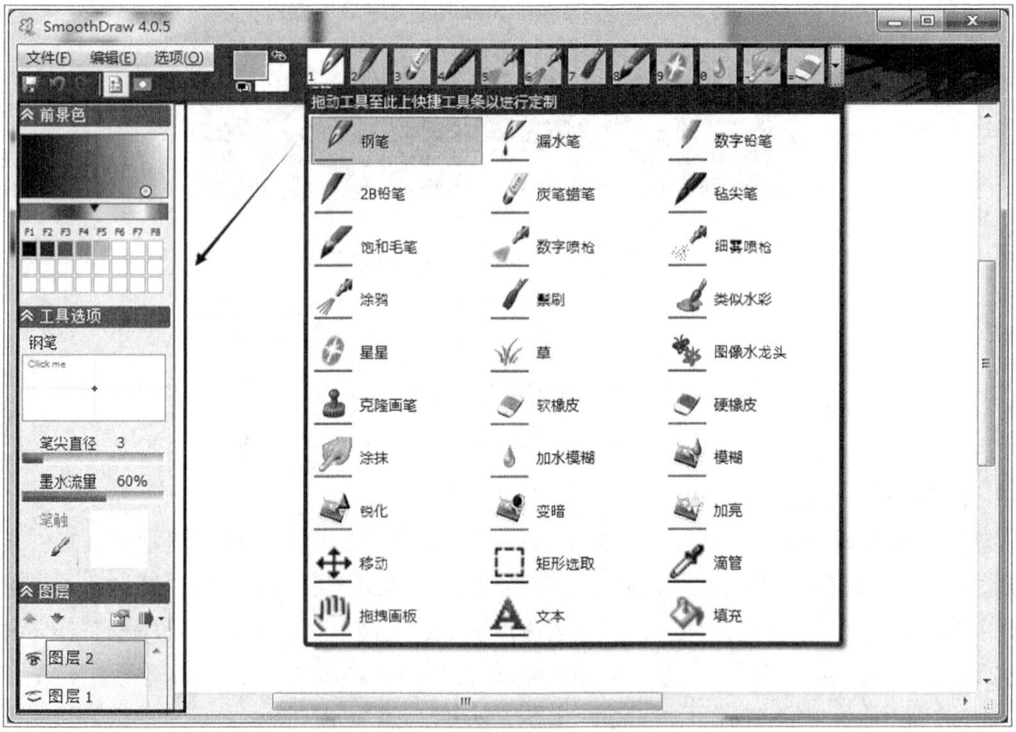

图 4-3-4　SmoothDraw 操作界面

除了在画布上绘图外，还可对图片进行圈点，并根据需要将 SmoothDraw 画布保存为图片或 SmoothDraw 文件（. sddoc）。

（2）屏幕画笔 Pointofix。

屏幕画笔 Pointofix 可以将电脑屏幕作为黑板绘制与演示教学内容，是教师制作 PPT 演示型微课程时极为实用的一款绿色免费的画笔工具。它支持中文输入，并提供了许多实用小工具如放大镜、屏幕放大缩小、准确选择区域等。

其具体使用方法是：打开 Pointofix，在需要进行标记或强调演示时，点击 Pointofix 浮动小窗口的“开始”按钮，进入标记演示工作模式。如图 4-3-5 所示，可以选择浮动菜单中的任意工具或右键菜单中的工具直接在屏幕或新建画布上进行标记或强调演示。若要退出，点击浮动窗口的“退出”按钮即可。

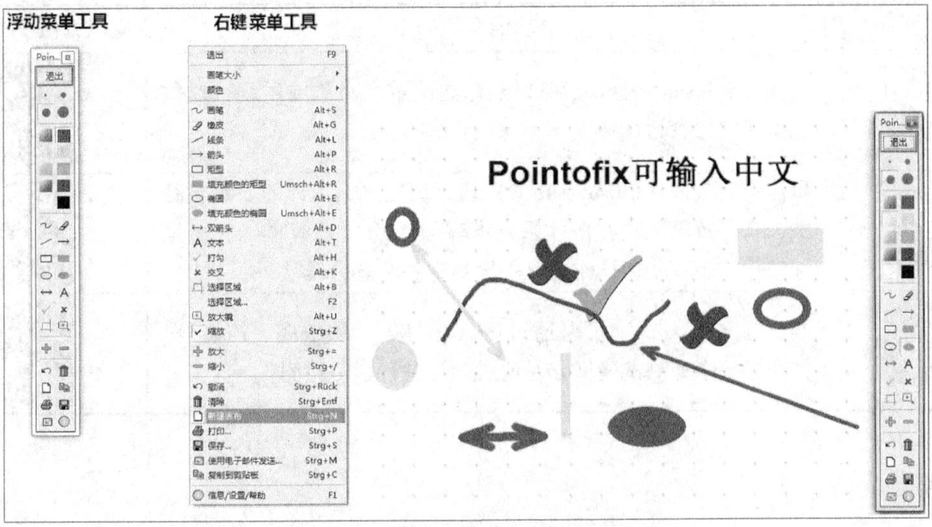

图 4-3-5　Pointofix 工具栏及其应用

3. 视频编辑工具

微课程的视频录制完成后需要做一定的后期编辑和美化，由于视频编辑涉及标注、字幕、特效、剪辑、输出格式等问题，可根据实际需要加以综合应用。若对字幕所处位置无要求，可使用录屏工具如 Camtasia Studio 自带的视频编辑功能；若需要对字幕、特效功能有特殊要求，可使用会声会影、iSkysoft Video Editor 等专门的视频处理软件；若只是简单剪辑合并视频或转换格式，可使用超级视频合并与剪切工具。

（1）Camtasia Studio。

Camtasia Studio 自带强大的后期编辑功能。如图 4-3-6 所示，除了具有一般视频编辑工具所具有的字幕、缩放、转场等功能外，该软件还提供了标注（Callouts）、鼠标指针效果（Cursor Effects）、测试题（Quizzing）等可专门用于支持微课程视频编辑的特色工具。表 4-3-4 为这些特色工具的功能介绍及应用方法。

图 4-3-6 Camtasia Studio 编辑工具界面

表 4-3-4 Camtasia Studio 特色工具及其应用

工具图标	功能介绍	应用方法（二维码①）
	标注（Callouts）能够在视频上标注出重点对象或过程，以优化学生的注意力选择	
	鼠标指针效果（Cursor Effects）通过调整鼠标指针的显示与隐藏、高亮效果、左右击效果、声音效果等方式清晰标注出鼠标操作或隐藏鼠标操作，以引导学生的注意力转移	
	测试题（Quizzing）可以通过嵌入选择题、填空题、简答题、判断题等多种测试题型方便地对学生进行学习检测	

资源推荐

Camtasia Studio 8.1 中文版从入门到精通视频教程，见优酷网 http://www.youku.com/playlist_show/id_20293402_ascending_1_mode_pic_page_1.html。

（2）iSkysoft Video Editors。

由于 Camtasia Studio 自带的视频编辑功能有一定的局限性，如字幕位置只能固定在视频下方，这就使得使用者有时候难以随心所欲地实现自己想要的效果，所以还需要辅以其他专门的视频处理软件，如：Movie Maker、会声会影、After Effects、iSkysoft Video Editor 等。不同编辑软件的主要编辑功能如剪切、字幕、声音等操作大同小异，这里主要介绍 iSkysoft Video Editor。相对于其他视频处理软件，该软件有汉化版，不需要进行破解，而且所占内存较小，使用方法也非常简易。

iSkysoft Video Editor 的编辑模式分为简易模式与全功能模式两种，可以方便选择创建新影片的比例是 16∶9 还是 4∶3，以及选择影片编辑模式。其中简易模式是根据该软件本身自带的模板创建视频的片头片尾，其主要应用方法是：将编辑好的视频导入，然后在软件中

① 扫描后，请在页面下方选择“以访客身份浏览”。

设置片头片尾的文字，即可在导入的视频中自动添加片头片尾。以下主要介绍全功能模式，如图 4-3-7 所示。iSkysoft Video Editor 全功能模式提供了大量的视频编辑工具，如分割、录音、特写镜头等，与其他视频编辑软件类似，需要编辑视频时可通过工具栏也可通过右击轨道上的视频片段出现的工具菜单进行编辑。其中，威力工具是该软件自带的一些视频特效，如马赛克等。

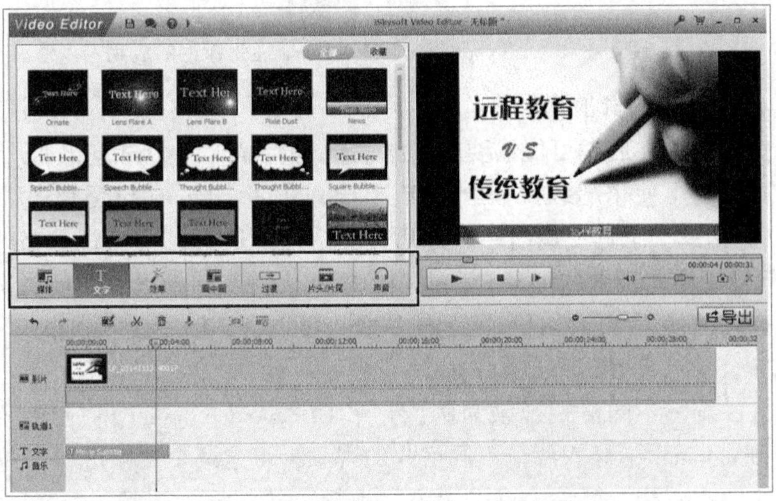

图 4-3-7　iSkysoft Video Editor 全功能模式界面

其他视频特效可通过软件的特效栏进行添加，如图 4-3-7 虚线框所示，软件提供如文字、效果、画中画等特效工具。这些特效工具的使用方法大致相同，且简单直观。以“文字”工具为例，图 4-3-7 为单击“文字”按钮后的界面，相应的文字效果可在界面左上方区域直观看到，双击即可预览效果，需要应用时将其拖拽到相应轨道中即可，在轨道中双击该文字片段即可对其进行编辑。

iSkysoft Video Editor 所提供的工具主要有以下几种：

①媒体，即加载到软件中的多媒体素材；

②文字，为视频添加字幕，可对字幕的显示动画、样式、位置等属性进行编辑；

③效果，即滤镜效果，如浮雕、模糊等效果；

④过渡，即转场效果，如百叶窗、折叠等效果。

⑤声音，即效果音，如风声、鸣笛声等。

⑥画中画，即将两个视频置于同一画面中。通过画中画效果，可以做出许多个性化标注的效果，如一些 .png 格式的圆圈、箭头、直线等符号，如图 4-3-8 所示。

此外，如果对视频的画面色彩或声音大小不满意，可直接在轨道上双击相应视频或音频片段，对视频的饱和度、对比度、亮度、色调等，音频的音量、淡入淡出效果等属性进行调节。最后点击界面右侧的“导出”按钮，将编辑完成的视频导出即可，根据实际需要对导出的格式、名称和保存位置进行设置，或在“高级属性”中对视频分辨率等视频属性进行设置。

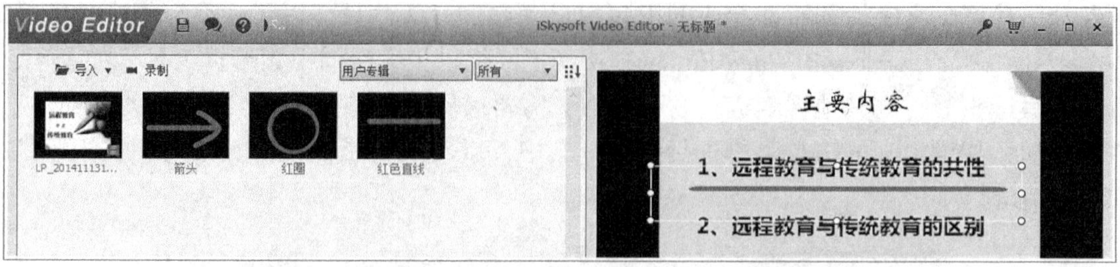

图 4-3-8　iSkysoft Video Editor 个性化标注的应用

（3）其他简易视频编辑工具。

视频编辑完成后，在后期可能需要转换格式或进行简单的剪辑，比如几段视频的合并、剪切或格式转换等，可使用超级视频合并工具 Ultra Video Joiner 与超级视频剪切工具 Ultra Video Splitter。这两款小工具使用简单，并几乎支持当前所有的主流视频格式或主流设备如 iPhone、黑莓等专用格式视频的编辑，在视频的格式支持与转换上几乎畅通无阻，因而在因视频格式问题而无法使用专门的视频处理软件时，可以尝试使用这两款小工具。

①超级视频合并工具 Ultra Video Joiner。

这里以合并并统一不同格式视频为例，介绍 Ultra Video Joiner 的应用。如图 4-3-9 所示，在 Ultra Video Joiner 中导入两个不同格式的视频，将这两个视频进行合并并统一为 . mp4 格式，其操作主要有三步：第一，点击“添加视频”按钮添加视频；第二，设置输出格式，可选择多种格式；第三，点击“开始合并”按钮进行合并。

图 4-3-9　Ultra Video Joiner 操作界面

②超级视频剪切工具 Ultra Video Splitter。

视频剪切工具与合并工具的操作类似，这里不详加说明，如图 4-3-10 所示为具体操作步骤。

图 4-3-10　Ultra Video Splitter 操作界面

三、如何提高微课程质量

目前，基于 PowerPoint 讲解式的微课程是最为常见的微课程类型。该类型微课程的制作前期需要确定教学主题并按照微课程的设计原理做好目标设计、内容设计与界面设计，根据设计需求获取多媒体素材并制作教学用 PowerPoint 课件，准备好录制演示工具等相应材料。这里从提高 PowerPoint 内容的精致性与提升微课程视频的清晰度两大方面介绍提高微课程质量的实用技巧。

1. 提高 PowerPoint 内容的精致性

（1）精心准备 PowerPoint 中要用到的多媒体素材：要利用适当的软件工具对各种多媒体素材进行快速有效的处理，保证多媒体素材本身的有效性与精致性。例如，在选择图形/图像素材开发与处理软件方面，一方面需要应用像 Photoshop 这样的专门的图形/图像素材制作软件进行从无到有的开发与专业的处理；另一方面也需要注意使用一些简单但实用性非常强的常用工具软件对图形/图像素材进行简单处理，比如，可以采用 ACDsee、光影魔术手这样的常用软件对图形/图像素材进行批量格式转换或更改图片的尺寸；可以利用 Snagit 等软件为图形/图像素材添加文字或水印，进行各种类型的图片截取；利用 S-Spline 这样的专用软件对位图类图形/图像素材进行放大而保持低失真率；可以通过 JPG optimizer、Image Optimizer 这样的专用软件对图形/图像素材进行大幅度压缩而保持低失真率。

（2）注重 PowerPoint 课件整体表达力的优化，例如，字号必须足够大，以保证微课程里的文字容易辨认、识别；课程的重难点、关键知识点等要给学生提示信息，用颜色标识、列出关键字、用图形符号标注等；课程开始时要让学生明确本节课的学习目标或任务，课程结束后要进行总结，并交代下节课要学习的内容及其帮助作用等。

2. 提升微课程视频的清晰度

（1）根据实际设置视频的宽高比和分辨率。如视频宽高比为 4∶3，则与 640×480 的分辨率相对应；宽高比为 16∶9 时对应的视频分辨率可为 1 280×720。

（2）采用数码设备录制视频时，尽量使用三脚架固定录制设备，以保证视频图像稳定。要保持摄像头清洁，远离强光刺激，顺光拍摄并适当打光，以确保光线充足，这样录制的视频比较清晰。

（3）录制同一系列的微课程视频时，应注意统一各视频的分辨率与宽高比，不可混合使用。

（4）在屏幕录制过程中，注意鼠标操作的适当性和准确度，操作速度不宜过快，操作过程尽可能一步到位，避免随意乱晃。

（5）需要录制声音时，应确保录制环境安静。在录制过程中注意与话筒保持适当的距离，不宜过近或过远，以免出现喷麦杂音或声音清晰度不够等现象。而为避免视频录制过程中电脑出现的杂音，可以分开录制视频和音频，最后再进行合成，例如，使用电脑录制视频，使用外置设备（如手机、录音笔）录制音频。

（6）讲授者在录制前须熟悉讲授的全部内容，尽量一气呵成。如果在录制过程中出现错误，不需要重新录制只要再重复一次出错的地方，在后期编辑时处理这些错误的内容即可。

（7）两段视频之间的过渡应避免使用过多或过炫的过渡动画，以免分散学生的注意力。

学习活动

根据单一微课程的教学设计和教学 PowerPoint 设计 5～10 分钟的微课程脚本，并应用本节所推荐的软件工具和应用技巧，制作一个完整的微课程。

要求：微课程视频格式为 .mp4，分辨率为 1 280×720，制作过程包含录制、画图演示、视频字幕标注。

第四节　微课程的教学应用

微课程因具有短小精悍、开放性和动态性等优势，在基础教育领域得以广泛应用，尤其可以作为个性化、针对性的有益补充。在实际的应用过程中，要充分考虑教学目标、学生的学习需求、学生的学习条件等方面因素。本节主要介绍不同类型的微课程在教学中的应用，以及微课程在翻转课堂中的应用。

一、微课程教学应用需考虑的问题

微课程在教学中的应用，需要考虑的问题有：学生在观看微课程之前的准备状态如何？学生在学习微课程时需要哪些配套的学习资源？学生在学习微课程之后可以达成什么学习目标？具体如表 4-4-1 所示。

表 4-4-1　微课程教学应用需考虑的问题

需考虑的问题	具体内容
学习准备状态	（1）客观条件：主要是学生家庭对微课程学习的支持，例如，学生家中是否有支持学习微课程的软硬件设施 （2）态度与意识准备：学生是否能够认识到微课程对自己学习的价值，是否具有自主学习意识、自律能力和主动学习微课程的愿望等 （3）知识与技能准备：学生能否自主进行学习，能否自如操作微课程学习的相关软件等
配套学习资源	（1）视频资源：微课程视频 （2）文本资源：配备答案的课后习题、实验演示的说明书等 （3）软件资源：学习工具软件、知识展示软件如思维导图等 （4）网页链接：拓展知识的链接等 （5）素材库：图片、声音、动画等
预期学习目标	（1）短期目标：使学生能熟练掌握与应用微课程的知识点 （2）长期目标：增强学生的自主学习意识与能力

二、不同类型微课程的教学应用

在教学中可以根据不同需要制作微课程，比如用于课前内容预习、复习总结，或用于主题探究、演示实验等环节，而应用目的不同，微课程的侧重也有所不同。

1. 用于课前内容预习

将内容制作成微课程给学生看，是课前内容预习的一个很好的做法。比较简单有效的方法就是教师综合文字、图片、视频等材料将课堂上需要传递的核心概念表达出来，教师完全可以自己制作。用于预习的微课程可以以“微视频+交互式练习+即时反馈+等待课堂解答的问题”为基本组成，其中交互式练习应该是一些比较简单的练习题，在课程最后要给出一些问题让学生回答并要求他们把答案发给教师，教师据此发现问题、统计共性问题，并决定课堂教学的重点。用于课前内容预习的微课程的主要目的是让学生初步了解关键概念，同时对新内容产生兴趣。

2. 用于复习总结

复习总结类微课程的结构一般包括知识梳理和检测两个阶段。设计这类微课程时，有不同的思路可以借鉴。一种是按部就班的设计，先用图文并茂的方式梳理关键知识点及知识点之间的联系，同时展示一些容易产生误解的知识点或容易出错的地方，然后布置集中的测验让学生进行练习。另一种则是现在被广泛推崇的模式，即在微视频中，及时穿插问题让学生回答，使整个微课程变成“闯关式学习任务”。比较而言，第二种的设计更能吸引学生，更能使学生全程投入。

3. 用于主题探究

主题探究是比课前预习更高层次的主动学习。主题探究式微课程的目的是，让学生能够对某个“专题”（或问题）进行更加深入的探究，拓展学生概念（知识）学习的深度和广度。制作这类微课程时，除了要提供较为丰富的学习资源外，还要设计好问题情境、交互与交流活动等，以此培养学生发现问题、解决问题的能力。

4. 演示实验类微课程的教学应用

演示实验是物理、化学、生物等学科教学中常用的教学方法。但由于实验条件与资源的限制、部分实验如果操作不当则会存在安全隐患，而且许多实验往往需要学生反复观察，因此为学生提供演示实验类微课程成为当前实验教学中的一种重要方式。演示实验微课程常常用于支持学生观摩教师的实验步骤与方法以掌握实验基本原理，也用于支持学生细致观察实验现象以总结其中蕴含的知识、规律与技能。

三、微课程在翻转课堂中的应用

翻转课堂是近几年出现的一种教学模式，即重新调整课堂内外的教学安排，让学生在家通过教师录好的课件完成对知识的学习，让课堂变成师生互动、生生互动的场所，包括答疑解惑、知识的运用等，从而达到更好的个性化教学效果。

1. 课前学习

在翻转课堂的课前环节，教师要给学生提供学习资源，此时微课程就是一种很好的学习资源形式。

（1）教师制作微课程。

教师将课程内容制作成微课程，比如用视频软件录制 PowerPoint 课件并附上讲解声音。布置简单的练习作业，并嵌入微课程中。同时在微课程中提供学习向导，鼓励学生将自己的学习困惑和建议发送到教师邮箱。

（2）学生学习微课程。

学生学习教师提供的微课程，完成课程中的测验，同时将学习后的问题发送给教师。

教师将学生共有的学习困惑或难以解决的问题整理出来，以备课上进行讲解。教师如有精力，针对同样的知识点可以多准备一个拓展性的微课程。

2. 进行课堂教学活动

（1）知识回顾：在课堂上，教师带领学生回顾课前自学知识，检查学生的自学效果，让学生体验自主学习的成就感。

（2）问题解决：教师对不同学生进行个性化指导，或者教师和学生讨论一起讨论、解决学生在自学时遇到的困难，锻炼学生提出问题、思考问题的能力，以及协作交流、解决问题和语言表达的能力。

（3）课堂检测：为巩固新学的知识，进行课堂检测。

3. 课后活动

课后，对于知识掌握较好的学生，可以推荐他们观看难度提升的微视频，进行知识迁移；对于知识掌握欠佳的学生，可以引导他们重新观看这节课的微视频，进行补习。因为特殊原因不能参与课堂学习的学生，也可以通过观看微视频进行补课，并将学习过程中的疑问提交给教师，这样可以达到更好的个性化学习效果。

本章小结

- 微课程是某个知识点的教学内容及所实施的教学活动的综合。它是用于讲明一个知识点或具体问题的小课程，主题突出，针对性强，需要的学习时间一般在 5～20 分钟。微课程和微视频、一般学习资源的区别在于，微课程不仅包括教学内容，还包括学习活动和评价。微课程是学习内容、服务和互动的载体。
- 微课程追求的是以精致取胜，较之传统课程，其对学习目标、学习内容构成以及内容表现形式的设计有更高的要求。微课程的基本结构包括微型资源、学习活动、学习评价和认证服务。相应的，对于微课程的设计，应注意学习内容、学习活动、媒体设计、用户体验上的设计把握。
- 微课程制作流程主要包括确定微课程类型、准备制作工具、演示录制微课程、编辑美化微课程等步骤。
- PowerPoint 演示录屏型微课程制作工具一般包括录屏工具、画图演示工具、视频编辑工具。
- 微课程制作过程可从提高 PowerPoint 课件内容的精致性与提升微课程视频的清晰度两大方面提高微课程质量。
- 微课程主要分为复习总结、习题讲解、演示实验、知识拓展四种类型。在教学中应用不同类型微课程时须综合考虑学生的学习准备状态、需要哪些配套学习资源和预期达成哪些学习目标三方面内容。
- 微课程是翻转课堂教学模式得以实施的重要内容载体。与“教师课上教、学生课上学、课后巩固”的传统课堂教学模式相反，翻转课堂课上以能力培养为主，知识学习则主要放在课外。因而翻转课堂的实施要求教师同时关注课前和课上两个环节，不可偏废一方。

本章习题

1. 填空题

（1）微课程是某个知识点的__________及所实施的__________的综合。

（2）微课程制作的主要流程有：①__________________；②____________________；③____________________；④____________________。

2. 简述题

（1）简要说明自己对“微课程是学习内容、服务和互动的载体”的理解。

（2）结合自己所授学科，简要设计某一单元的微课程系列目标。

（3）简要说明翻转课堂和传统课堂的区别。

（4）简要说明微课程在自己所授学科的教学应用。

第五章

在线教学实用技术

学习背景

在云计算时代，网络上提供了非常多的免费软件工具和平台，我们只需上网就可以方便地应用它们，而不必在自己的电脑上安装各种软件。本章将给大家介绍几种日常教学中可以用到而且使用比较简单的在线工具或系统，希望你通过本章学习可以提高自身应用免费在线教学工具的能力。

学习目标

1. 认识在线协作平台 Wiki 的教学应用；
2. 学会在线学习系统 Schoology 的教学应用；
3. 学会在在线测评工具问卷星上布置测验。

本章内容导图

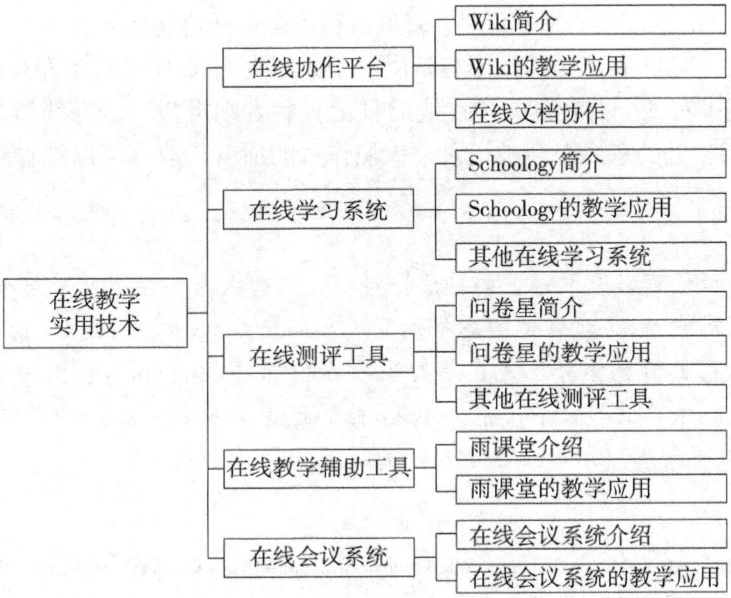

第一节 在线协作平台

教学案例

赵老师是一名初中地理教师，在向学生讲授“环境保护”相关内容时，他希望让学生形成小组走出去实践或上网调查，最终完成一份“如何当个环保小卫士”的调研报告。这样一来，问题就出现了：调查报告需要反复修改，小组中的多名学生如何共同完成一份报告？调查过程中，教师如何做才能及时根据学生的报告进度给予指导，如何才能知道每一位学生在整个过程中的努力和贡献？

案例分析与实践指南

赵老师的期望是，每个小组都在网上拥有一个类似“在线黑板”的小组空间，每名学生都可以随时上去添加内容，教师可以看到每一位学生对内容的贡献。这种情况下，赵老师可以使用在线协作平台，如利用 Wiki 为每个小组建立一个内容页面。Wiki 页面的编辑功能与 MS Word 软件类似，而且可以查看、恢复历史版本。

一、Wiki 简介①

什么是 Wiki？Wiki 是一种提供“共同创作”（collaborative）环境的网站，也就是说，每个人都可以任意修改 Wiki 网站上的页面资料。“Wiki-Wiki”来自夏威夷语“weekeeweekee”，原本是“快点快点”的意思。实际上 Wiki 真的既简单又快速。在各大 Wiki 平台上，每天都有大量的内容产生。大名鼎鼎的维基百科、百度百科都是这样建起来的。

跟博客相比，Wiki 有何不同？博客是由一个人书写且依时间顺序发布的。而 Wiki 则是由某一群体共同书写的。前者是一种在线的日记，后者则类似于“在线黑板”，只不过所有写在这个“黑板”上的东西都会被记录，人们作过的所有修改都可以被看到。

知识链接

每个人都可以任意修改网站上的页面资料，万一有人来网站上乱写怎么办？

别担心，所有的 Wiki 都有“版本控制”（Version Control）的概念，你随时都可以找回之前的正确版本；更何况你可不是在单打独斗，社群（Community）的力量是非常惊人的。就在这种相信人性本善的理念下，整个 Wiki 社群迅速地成长茁壮。如果你还是很担心，可以帮 Wiki 加入权限管理（Access Control）的机制，保证万无一失。

---

① 摘自百度知道，http://zhidao.baidu.com/link?url=CK2yuxEaA3wv4XXHhVOAFQTuRIOwPCm0r8XLPBfj82tZyfl4lk0F3o-3JSp4hNRSYmuJF0Kn6BzIZDGI-RNvKK，略有修改。

二、Wiki 的教学应用

Wiki 操作起来很简单，无须花太多时间学习即可掌握，因此深受用户喜爱。相对于其他学习工具，Wiki 可用于支持完成团体项目、作业或课堂笔记。

Wiki 的用途主要包括：动态发布教学内容；作为教师之间、学生之间协作共创的工具；作为师生交流、反思与反馈的环境。

1. 动态发布教学内容

教师利用 Wiki 可以创建起简单的学习网站。教师可以将教学内容、课程通知发布在 Wiki 站点上，并根据课程进度进行动态更新，而无须打印新的版本发给学生。目前各大名校广为推广的大规模开放在线课程基本都设有 Wiki 这个功能模块，用以列出课程的重要知识点和资源链接。当某个主题需要较多的解读视角和拓展阅读的时候，利用 Wiki 来发布学习内容的优势就显得更为突出。

如果教师允许学生有编辑权限，学生也可以参与对课程内容的编辑。

2. 作为教师之间、学生之间协作共创的工具

Wiki 的最大优点在于支持群组即时高效的在线合作，例如适合用于群组共同完成某一项目、文稿或网站。

当多名教师需要共同开发一门课程时，就可以通过 Wiki 进行在线合作。多人合作，传统的做法是小组成员把各自的版本通过电子邮件发给其他人，但是经常会遇到意见相左的情况。而使用 Wiki 则可以让小组内所有人共同编辑一个页面，大家在 Wiki 上都能看到别人的最新版本，并给予修正和更新。

知识链接

应用 Wiki 创建课程的实例：

几年前，我跟一些老师共同起草一个化学课程的教学计划，我们每个人负责课程的不同板块，我们通过 Wiki 进行在线合作，撰写课程方案、课堂讲义等，减少了电子邮件的使用。我们在 Wiki 上能看得到整个课程的概况，使得不同板块之间可以很好地衔接。下一年，我们可以把这个课程教学计划交给接手的老师，他们就无须另起炉灶，只要在我们原有教学计划的基础上进行修改，使之与时俱进就可以了。①

Wiki 也可以用于支持学生间的协同任务，这是许多教师喜爱的 Wiki 用途之一。比如本节“教学案例”中赵老师想组织的“环境保护”探究性学习，需要学生以小组方式完成一份报告，这时 Wiki 站点就能成为一个很好的合作平台。教师给每个小组分配一个 Wiki 页

① Tony Yet 译：《在教育领域使用 Wiki》，译言网，http://article.yeeyan.org/view/12456/12821？to=site。

面，学生们根据事先商量好的分工，将各自找到的资源、链接放到 Wiki 页面上，达到分享资料、共同拟定文稿、起草演示提纲的目的，同时能够随时获知其他组员的贡献。这种模式比较适合共同完成小说创作、剧本创作、论文写作、校本教材开发等任务。

3. 作为师生交流、反思与反馈的环境

Wiki 还可作为师生间交流和反馈的环境。学生可以使用 Wiki 来书写、修改、提交作业，教师在上面给予反馈意见。以撰写学期论文为例，学生可以由一个 Wiki 的页面开始写作。这样，由于 Wiki 可以记录学生完成论文的整个过程，包括每一次修改的痕迹，他的教师和同伴就能随时跟踪他的进度，给他推荐一些相关资源或写作思路，而无须等到论文全部完成才给反馈。也有一些教师为每个学生建立个人 Wiki 页面，引导学生在每周学习后撰写反思日记或在读完材料后撰写读后感，这样教师可以更深入地了解学生的学习需要，并在学生的 Wiki 页面上留言评论。可以看到学生的进展，及时与学生联系，给予反馈意见，这是许多教师喜欢 Wiki 的重要原因。

三、在线文档协作

在线文档协作，一般是指通过该服务，可以实现多人实时在线查看和编辑同一个文档，其即写即存的功能可以实现随时恢复到任何一个历史版本。在线文档协作可以在电脑、手机、平板等终端操作，且对不同用户可设置不同的文档权限，适合跨部门、跨组织的团队高效文档协作。在教育教学领域，可应用于教学管理、小组协作探究学习、作业收集与批改等。

国内目前提供在线文档协作的有金山文档、腾讯文档、飞书文档、石墨文档、蓝湖、幕布、坚果云、幕布、有道云笔记等。不同在线文档有各自的特色，我们可以根据需要去选择和体验。一般来说，用户选择在线文档的重要指标包括功能多样性、操作简易度，还有平台本身的普及度、稳定性、安全性等。以下列出几个在线文档的主要功能特点，供大家参考，见表 5-1-1 所示。需要注意的是这些文档的功能也会时常调整和更新。

表 5-1-1　一些在线协作文档的主要功能特点

金山文档	使用较广，支持团队云端协作编辑，提供免费大容量存储空间。
腾讯文档	目前较受欢迎，可同时编辑 Word、Excel 和 PPT 文档，在兼容性方面具有天然的独特优势，打通了 QQ、微信等多个平台编辑和分享的能力。免费提供了不同的模板，包括工作周报、班级通讯录、分析报告、考勤打卡等。完全免费。
石墨文档	轻松、简洁，操作简便，可以创建文档、表格、幻灯片、文件夹。适合团队一起制定工作计划、管理项目进度、编辑图文资料。分为免费版和收费版。

续表

幕布	一款结合了大纲笔记和思维导图的头脑管理工具，用于更高效地和清晰地来管理任务、制定计划等。
飞书文档	为字节旗下产品，以支持团队协作为目标，不仅支持在线文档协作，还支持云端团队的文档管理、团队沟通互动、视频会议等功能。

第二节 在线学习系统

教学案例

周老师是一名小学语文教师兼班主任。她认为语文学习不仅限于对教材的学习，而应该让学生配合课文多阅读课外读物，所以她很想给学生推荐课外读物和其他资源，并利用课外时间和学生们开展开放式讨论，培养他们良好的阅读习惯和思考习惯。她很想尝试翻转课堂，但学校没有建设在线学习平台，没有地方让她放置学习资源。此外，作为班主任，她也想能对学生的成绩和出勤情况进行电子化管理。目前尽管可以用 Excel 记录学生的成绩和考勤，但统计和管理起来还是比较困难。

案例分析与实践指南

在本案例中，周老师可以使用网络上现有的一些在线学习系统如 Schoology 为学生搭建课程学习空间。周老师只需在该平台上注册账号，新建课程，添加课程资源和活动，然后邀请学生加入该课程，即可开启她和学生的网上课堂之旅。

一、Schoology 简介

Schoology，是一个整合了一定社交媒体功能的学习管理系统。它成立于 2009 年，主要功能是帮助中小学和大学进行课程管理，学习资源分配，学习活动及结果跟踪，以及为师生之间提供交互沟通渠道。目前它可以支持六种文字——英文、法文、西班牙文、马来文、葡萄牙文和日文，还不支持中文。

截至 2014 年年底，Schoology 用户已达 750 万人，遍及全球 200 多个国家的 6 万多所学校。Schoology 提供了全套的学习管理工具，包括在线成绩单、出勤状况、考试/小测、讨论板、博客、家庭作业同步工具、合作课程以及群组页面。Schoology 还提供跨学校的交流，允许学校之间在分享教室、小组和讨论等方面进行合作。

Schoology 比较有特色的设计是，它利用各种专业的通用社交媒体工具，改善课堂内外的通讯及合作状态。

知识链接

Schoology 应用示例一：刘老师会把平常每一次的作业和练习成绩都上传到 Schoology 上供学生查询，年末时学校会根据学生的成绩颁发相应的奖项。

Schoology 应用示例二：某高中西班牙语老师马修·戴（Matthew Day）在他的翻转课堂中使用了 Schoology 平台，这样他可以观察到学生若想取得高分事先需要在家庭作业上付出多少努力。

二、Schoology 的教学应用

1. 创建新课程、添加课程测验和材料等

下面以“教师”身份为例，学习如何在 Schoology 系统中建立一门学生可以随时上网阅读材料、完成作业、在线互动的网络课程。

（1）登录 Schoology 网站并注册。

登录 https://www.schoology.com/，点击网站右上角的“Sign Up”（注册）按钮，按提示完成注册，如图 5-2-1 所示。如果选择以“学生”或“家长”身份注册，需要先输入课程教师提供的课程码，例如“D9BKP-B5RGD”。

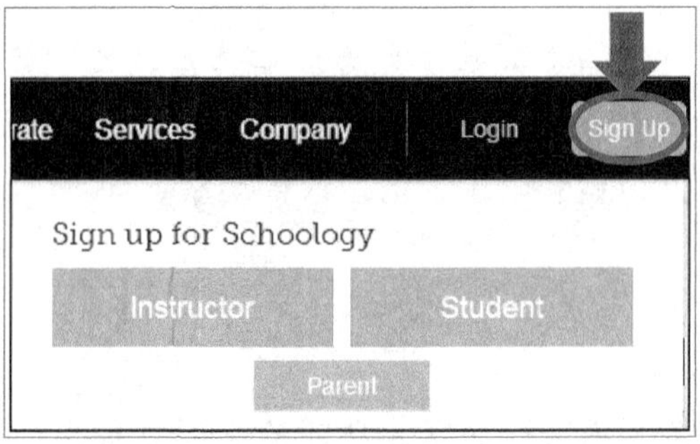

图 5-2-1　选择以“教师”“学生”或“家长”身份注册

（2）教师创建新课程。

打开页面最上方的菜单“Courses”，点击“Create”创建新课程，输入课程名称如“快乐的语文课堂”、单元名称、学科、年级，如图 5-2-2 所示。

（3）进入课程。

打开“Courses”→“快乐的语文课堂”，进入该课程主页面。

（4）添加测验。

①进入课程主页面，点击“Add Materials”→“Add Test/Quiz”按钮，添加一次课程测验，如图 5-2-3 所示。

图 5-2-2　创建课程

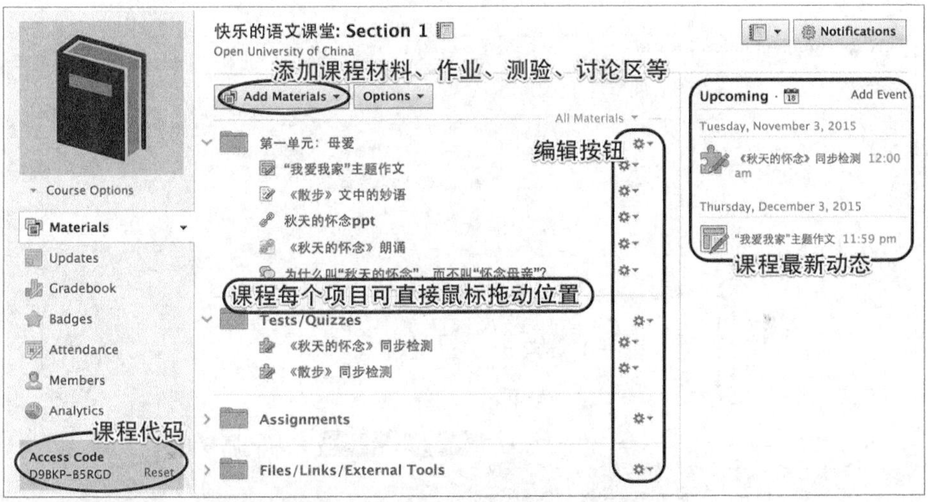

图 5-2-3　在课程主页面添加测验

②填写测验基本信息，如图 5-2-4 所示。

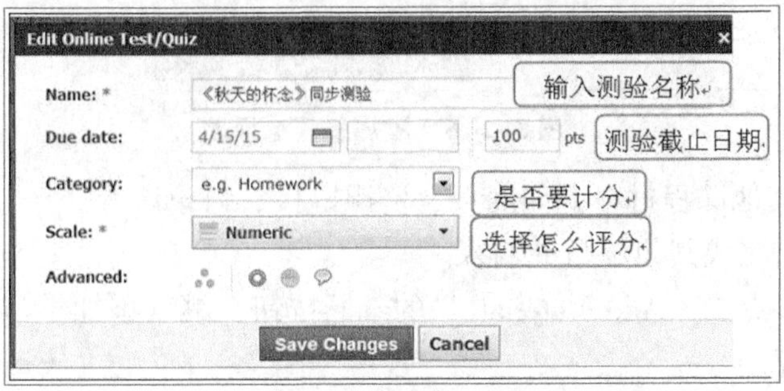

图 5-2-4　填写测验基本信息

③在测验中添加问题，问题类型有是非题、多项选择题、排序题、简答题、填空题、匹配题等，如图 5-2-5 所示。

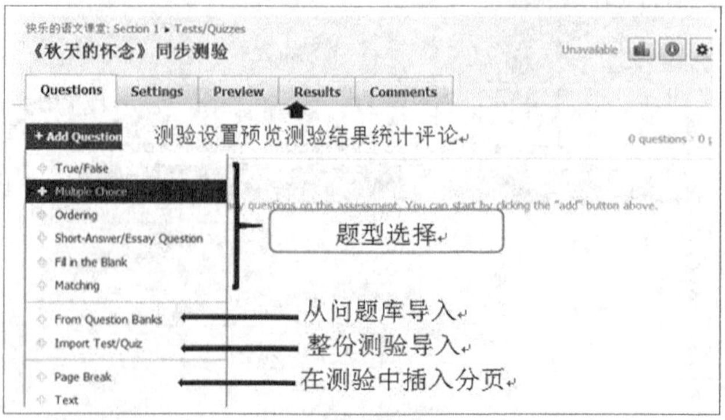

图 5-2-5　为测验添加问题

④添加一道多项选择题，如图 5-2-6 所示。

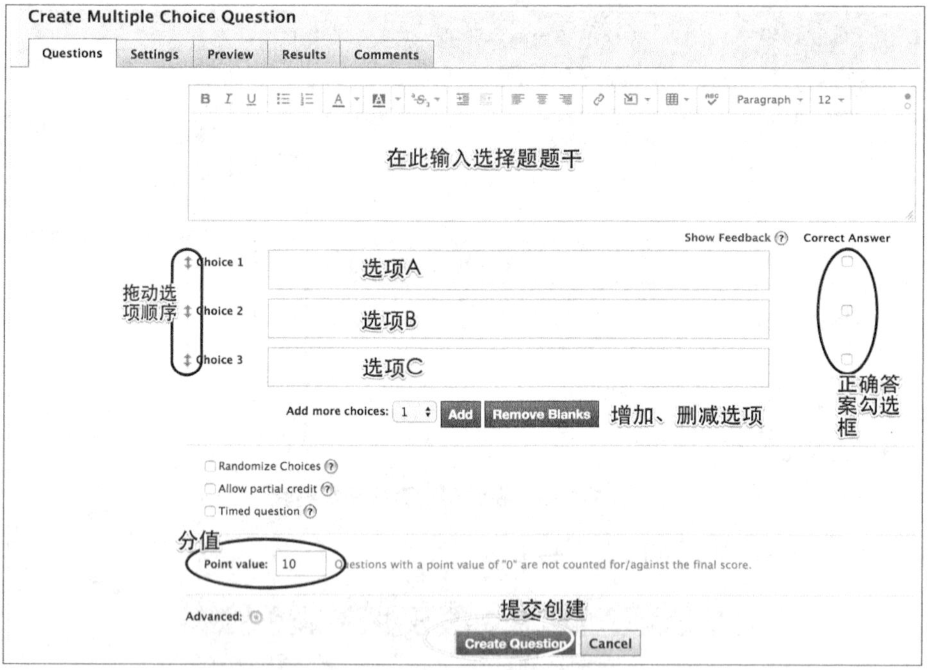

图 5-2-6　添加多项选择题

（5）继续添加其他课程材料，如网页、资源链接、讨论区等。

以同样的方式，完成其他题目的输入。

以同样的方式，点击“Add Materials”的不同按钮，继续添加学习材料、测验、作业外部链接、讨论活动等。

应用拓展

Schoology 平台的另一人性化设计是，在作业、讨论以及其他任何可编辑内容的地方，教师和学生都可以根据需要插入数学、物理、化学等学科符号和公式。此外，还可以插入录音或录制视频，这就给那些需要多媒体内容表现的学科提供了很大的便利性。

2. 成绩、出勤管理与徽章激励

在 Schoology 平台上，教师可以布置、批改不同类型的作业，并对所有学生的成绩、出勤情况进行管理，还可以对学生在不同方面的优异表现给予徽章奖励，例如设置出勤奖、上课专心奖、作业优异奖等徽章。

下面以作业管理为例，介绍如何在 Schoology 平台上批改学生提交的作业，并管理学生整个学期的作业情况。

（1）进入课程。

进入“快乐的语文课堂：Section1”主页面，点击作业“‘我爱我家’主题作文”，如图 5-2-7所示。

图 5-2-7 点击作业

（2）查看新作业。

在作业页面右方显示已提交未批改的作业，点击学生姓名进入，如图 5-2-8 所示。

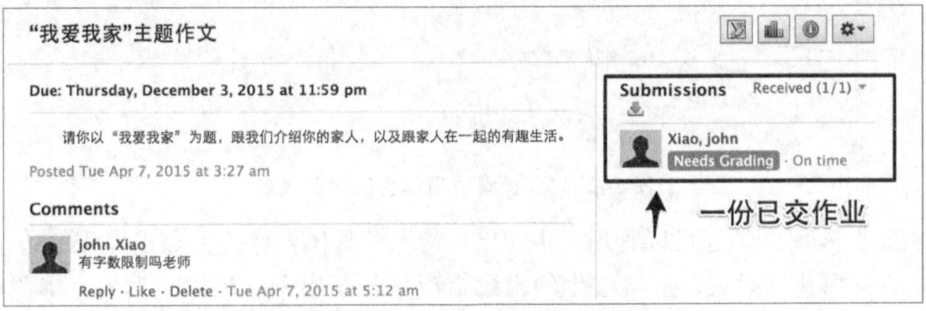

图 5-2-8 查看新作业

（3）给学生作业评分，添加评注，如图 5-2-9 所示。

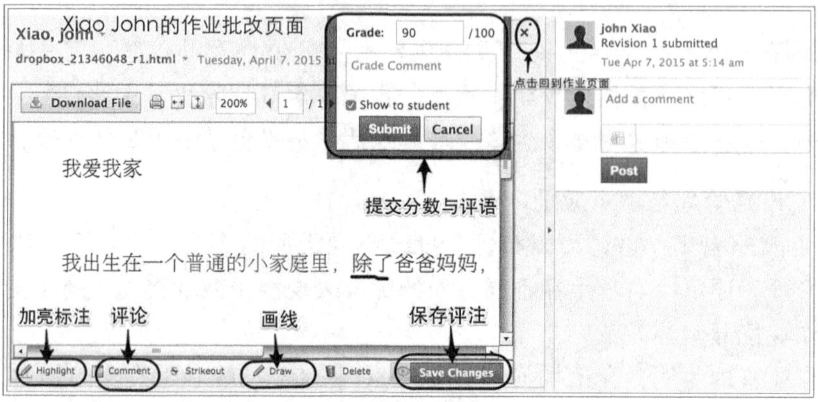

图 5-2-9　批改作业

（4）查看结果。

点击评阅编辑窗口右上方的“×”按钮，回到作业界面，可以看到学生的本次作业成绩已给出，如图 5-2-10 所示。

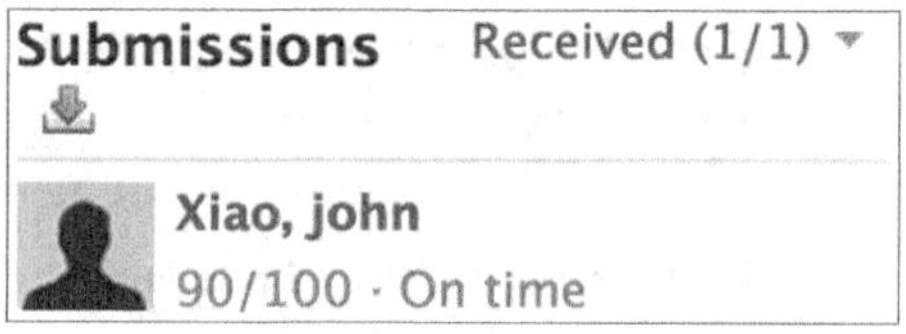

图 5-2-10　作业批阅结果显示

（5）查看本课程的所有成绩情况。点击课程左边菜单“Gradebook”，即可查看，如图 5-2-11 所示。

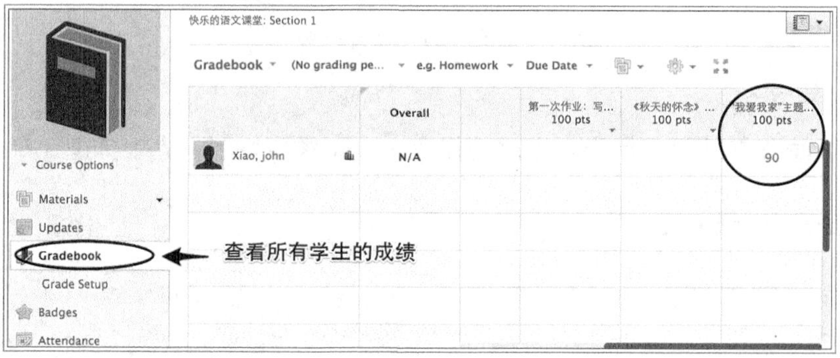

图 5-2-11　查看所有学生的作业成绩

在 Schoology 平台上还可以管理学生的出勤情况。具体操作为，点击课程左边菜单“Attendance”，即可按周设置、查看学生的出勤情况，包括出勤、缺席、迟到、请假四种情况见图 5-2-12。

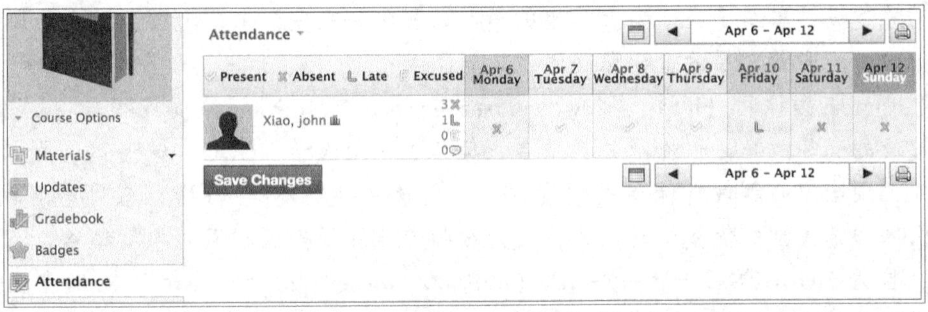

图 5-2-12 设置、查看学生出勤情况

3. 链接外部工具

Schoology 另一受瞩目和受欢迎的功能是它的开放性，这也是它成功的重要原因。

具体来说，Schoology 整合了很多外部的优秀软件，目前已经嵌入超过 100 个教育工具，其中包括比较受欢迎的社交媒体、Google Apps for Education、Power Schooland Moodle、ALEKS、Cisco、eLumen、Desire 2 Learn，甚至 Blackboard 平台等，其中很大一部分是免费的。教师在使用时可以进入 Schoology 的“App Center”进行下载、安装，安装完成后，教师、学生、家长就可以直接在 Schoology 平台上应用它们。

三、其他在线学习系统

目前国内的免费在线学习系统并不多，但相信未来将会有越来越多的系统走向免费开放。

就国外的在线学习系统来说，除了上述介绍的 Schoology，还有两个系统值得关注，分别是 Edmodo 和 Moodle。

Edmodo 是一个提供了作业、测验功能的社交网络平台（被称为中小学的“Facebook”），尤其适合小学和一些学习任务不是很重的中学阶段，教师和学生们能够在 Edmodo 分享视频、建立投票、设置讨论。

Moodle 完全是一个学习管理系统，比较适合能够提供充分技术支持的中学、大学教育。

资源推荐

除了教学用的在线学习系统外，教师也可随时随地获取来自全球各地的免费精品网络课程资源，以供自身学习和专业化发展。

（1）网易公开课（http://open.163.com/）。网易公开课是由网易推出“全球名校视频公开课项目”而形成的，集结了中国大学视频公开课、TED、可汗学院、Coursera、中国大学 MOOC 等课程资源，为各大名校公开课添加中文字幕，供国内广大学习爱好者学习和分享。

（2）国家精品课程资源网（http://www.jingpinke.com/）。国家精品课程资源网由教育部启动实施建设，集结了我国各大高校的精品课程，并且免费向广大社会人士开放，是教师进行系统学习与专业发展的重要课程资源。

(3) iCourse 爱课程（http://www.icourses.cn/home/）。iCourse 爱课程是由国家教育部、财政部建设的高等教育课程资源共享平台，集结了中国大学 MOOC、视频公开课和资源共享课，旨在汇聚国家高等教育优质教学资源。目前该网站还建有 30 多门教师教育网络课程，集结了国内师范大学的优势学科课程，可为教师专业发展提供较好的学习参考。

(4) 国外 MOOC 学习平台——edX（https://www.edx.org/）。edX 是由麻省理工学院和哈佛大学联合发布的网络 MOOC 学习平台，旨在配合校内教学、提高教学质量和推广网络在线教育。全球各地人士均可免费获取与学习来自全球顶尖大学的在线课程。

学习活动

请在 Schoology 平台（www.schoology.com）上新建一门课程，并建立一个课程内容页面(page)、一份含 5 道题目的测验（quiz/test)、一份主观题家庭作业（homework)。建完后，邀请计算机操作水平较好的 2 名学生加入本课程。

关键步骤提示：注册并登录 Schoology 平台→新建课程（Create New Courses）→添加课程材料（Add Materials：Add Page，Add Quiz/Test，Add Homework)。

第三节　在线测评工具

教学案例

申老师是一名初中数学教师，一般情况下，他一个学期会教三个班级。每天下课后，他都要为批改作业伏案工作很久。他很想多抽点时间用于学生的个别化辅导，但夹在繁重的教学任务和作业批改任务中，很多想法都显得力不从心。有时申老师也想让学生在课堂上完成几道测试题，但学生做完后他又很难了解总体答题情况。

案例分析与实践指南

在本案例中，申老师可以将每节课或每单元的习题作业发布到问卷星平台，然后将平台上的习题链接地址通过 QQ 群或微信群发给学生，或者用 Flash 等方式嵌入自己的博客中邀请学生，让学生课后可直接在网上做题。申老师可以使用问卷星平台自带的统计与分析功能迅速了解学生做题情况。

一、问卷星简介

问卷星（http://www.sojump.com/）是一个专业的在线问卷调查、测评、投票网站，已经被大量企业和个人广泛使用。在问卷星网站上，可以布置在线作业、考试、调查。

图 5–3–1 为利用问卷星网站布置的试卷。问卷星支持移动终端答题，图 5–3–1 右上角有个二维码图标，学生用手机扫描后就可以在手机上答卷。

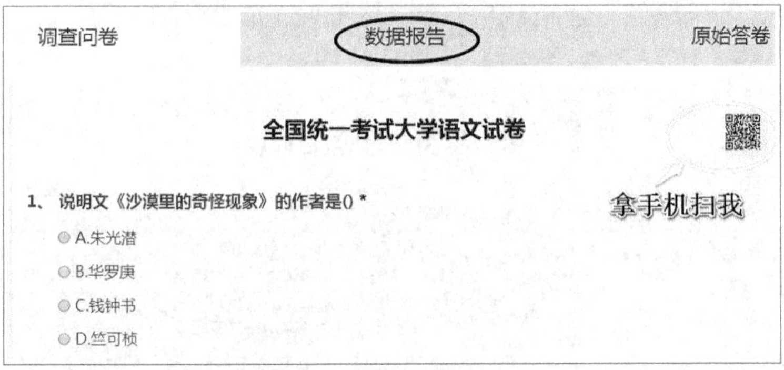

图 5–3–1　利用问卷星设计出来的试卷

二、问卷星的教学应用

在教学中，大概在三个环节中教师可以考虑用布置在线作业和测验的方法提高教学效率，分别是预习练习、随堂练习、课后练习。在线测验尤其适合用于随堂练习。教师可以提前在网站上布置好练习，课堂上让学生用手机或电脑作答，教师可以立即在电脑上看到所有作答情况。

下面介绍如何在问卷星网站上布置一份练习。

（1）注册、登录问卷星。进入问卷星网站，点击网站页面右上角的“注册”按钮，按提示完成注册，如图 5–3–2 所示。

图 5–3–2　注册问卷星

（2）创建新问卷。用注册的用户名登录网站，选择“创建新问卷”，并选择“创建空白问卷”，如图 5–3–3 所示。

（3）进入问卷编辑页面，点击“考试题”选项，例如添加一道“考试单选”题，如图 5–3–4 所示。

（4）编辑问卷题目和选项，如图 5–3–5 所示。

（5）点击编辑页面最上方的“完成编辑”，然后选择“发布问卷”，向学生发送答题链接。在此可以设置问卷属性是否公开或设置访问密码。

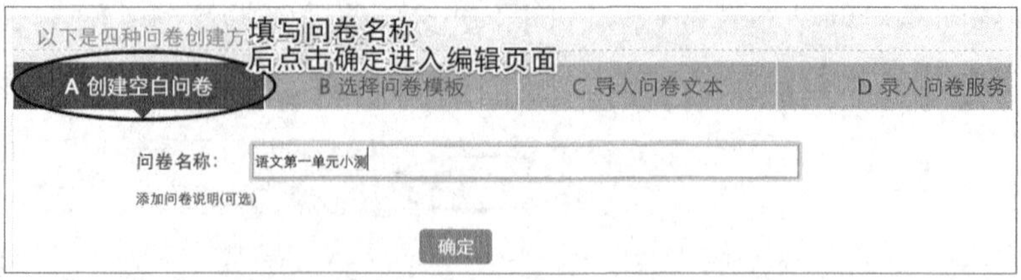

图 5-3-3　创建空白问卷

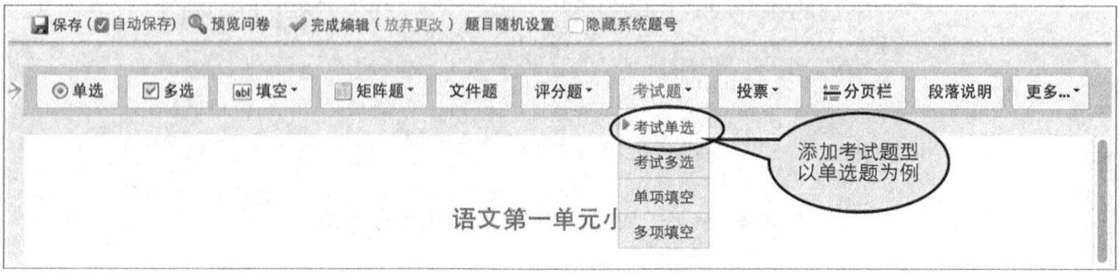

图 5-3-4　添加考试题型

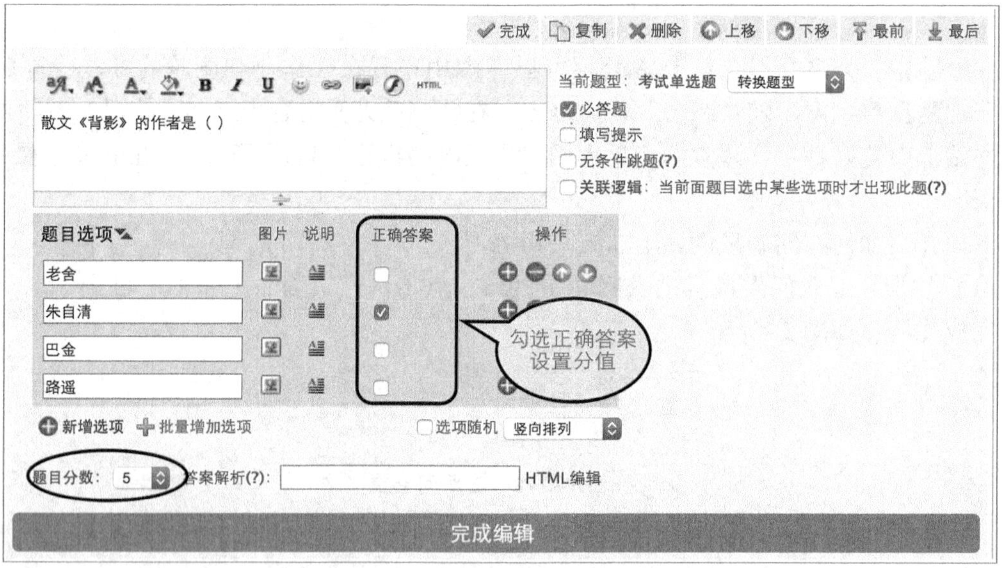

图 5-3-5　编辑问卷题目和选项

总体来说，问卷星网站操作起来较为简单、方便。它提供了所见即所得的设计问卷界面，支持多种题型以及信息栏和分页栏，很多地方可以直接拖拽。设计测验时，还可以设置跳转逻辑（比如跳过某些题）。问卷星还提供了一些模板。学生测验完成后，可以立即查看测验结果。教师可以随时查看测验结果，比如通过柱状图和饼状图查看统计图表，通过卡片形式查看答卷详情，分析答卷来源的时间段、地区和网站。测验完成后，教师还可以下载统计图表到 Word 中保存、打印，或者下载原始数据到 Excel，然后导入 SPSS 等调查分析软件进行分析。

学习活动

结合自己所授学科，在问卷星网站上注册账号，创建一份至少包含5道题的练习问卷，发布后将问卷的地址链接发送给学生，让学生通过网址或二维码访问，在线完成练习。在学生填写完成后，使用问卷星的统计分析功能，对练习题完成情况进行分析。

关键步骤提示：注册并登录“问卷星”网站→创建新问卷→创建空白问卷→添加考试题→完成编辑→发布问卷→把问卷地址发送给学生→查看统计报告。

资源推荐

关于中小学作业习题考试和学习方法，推荐以下资源：

（1）菁优网（http://www.jyeoo.com/）。菁优网收录了海量的中小学各科作业习题和考试试题，且每道题目均有难度系数和详细解析，并提供试卷下载、在线作业及社交娱乐等服务，深受全国学生欢迎。

（2）学习方法网（http://www.xuexifangfa.com/）。学习方法网是为中小学生提供学习方法指导的专业网站，内容包括各科学习的学习方法，目标是让学习变得更简单。该网站可帮助教师进一步明晰适合学生的学习方法，从而促进学生的学习成长。

三、其他在线测评工具

除了国内的问卷星网站，国外也有一批广受教师和学生喜爱的在线测验工具。尽管这些工具软件或系统都是纯英文界面，但都比较简单，用户借助一般的词典基本都能看懂界面上的不同按钮，而且这些工具支持教师和学生录入中文内容。

1. Socrative

Socrative 工具是一个国外的应用程序，可译为“课堂答题器”，也是免费的在线工具，设计小巧、人性化，使用简单、易学，50 名以下学生的课程一般都可使用。它能够支持移动手机应用（iPhone 手机和 Android 手机都可以下载），让学生们在课堂里用手机来做题。如果运用得当，则可以使课堂教学如虎添翼。Socrative 比较适合用来布置简单的选择题、简答题。

2. Schoology

Schoology 是国外中小学校用得比较多的一个免费学习管理系统。在上一节中我们详细介绍了 Schoology 这个学习平台的主要功能。Schoology 的测验功能适合用来出整份试卷并记录和管理成绩。

3. Quizlet

Quizlet（http://quizlet.com/）是一个英语词汇练习软件，既有网页版，也有手机版。其背单词功能采用单词卡的方式，并加入了游戏，同时让用户生产内容，互相引用，形成一个背单词的社区。

第四节　在线教学辅助工具

案例情境

不少教师在传统课堂上经常遇到一些问题，学生是否听懂了所有的知识点？他们是很难得到一个确切的答案。此外在一些重要的知识点上，教师想获得学生们的及时反馈，但有限的课堂时间又不允许。

案例分析与实践指南

随着学生手机、PAD 终端的普及，课堂上如何有效利用手机、PAD 等移动终端，已成为一个重要的话题。通过一些软件的辅助，例如雨课堂、小纸条等，这些终端是可以为课堂增加实时的互动性，帮助教师获得更多来自学生学习的关键反馈信息。

一、雨课堂介绍

雨课堂是清华大学和学堂在线共同推出的新型智慧教学解决方案，是教育部在线教育研究中心的研究成果，致力于快捷免费的为所有教学过程提供数据化、智能化的信息支持。

雨课堂可在官网 https：//www. yuketang. cn/download 下载。其主要功能见图 5-4-1。

图 5-4-1　雨课堂的主要功能

雨课堂的基本使用步骤如下：

1. 在电脑上安装后，教师就可以在 PPT 里看到新增的“雨课堂”插件。

2. 制作 PPT 时，利用“雨课堂”插件插入测试题、插入学堂在线各门慕课的视频资源。

3. 课前，教师发布二维码邀请学生加入班级进行预习。

4. 上课时，教师展示 PPT，学生通过手机微信扫码，就可在微信上接收该 PPT。利用雨课堂，可实现 PPT 同步、随机点名、收集知识点学习反馈、课堂实时测验互动、考试系统、讨论等功能，还可以实现课堂弹幕、发红包等比较能调动学习氛围的功能。（教师的手机终端界面图见图 5-4-2）

5. 课后，可通过“雨课堂”部署考试。

图 5-4-2　雨课堂教师手机终端界面

二、雨课堂的教学应用

雨课堂适合用于课堂教学、讲座，也非常适合远程教学。其最大优点是小巧，方便易用，只需要配合 PPT 和微信就能应用。利用雨课堂，教师可以更好控制课堂节奏，更重要的是，能实现与学生进行课前、课上、课后的互动。课前推送预习材料功能，教师可以推送 PPT 和语音，教师的微信可以显示每个学生看了多少。测试题功能部分，可用于课堂上给学生提神，还可以收集学生的答题数据，也可以在课后实现测验和考试。

除了雨课堂这类综合性的解决方案，互联网上还有一些小巧的工具软件，也可以用以加强课堂互动。例如通过“纸条范”（http：//www. ketang. cool/），教师可在讲课间隙和听众开展实时互动，比如提问、头脑风暴、随堂测验等。类似的工具大家可以多去体验。

第五节　在线会议系统

案例情境

学校即将开展新一轮教学评估工作，该工作涉及多个部门的协调与合作，由于时间紧迫，且一部分教职工出差在外，校长非常希望能够先把相关工作人员召集起来开个碰头会，把教学评估工作的主要内容和精神先布置下去。

案例分析与实践指南

现实中，我们时常需要组织异地、跨部门或者跨组织的会议或讨论。对学校这个繁忙的组织来说，这种会议或讨论的需求也较大。班级管理、学生活动管理也存在这方面的需求。在线会议系统可以满足这种多人即时通讯的会议需求。

一、在线会议系统介绍

在线会议系统也叫视频会议系统，是不受地域限制、建立在宽带网络基础上，双向、多点、实时的音视频交互系统。随着互联网普及，通信技术的成熟，视频会议系统成为各种机构组织异地沟通的首选。实际上，视频会议系统在远程教育的应用由来已久，不能见面的师生通过视频会议系统增进彼此的了解、进行课程学习互动等。在基础教育领域，视频会议系统的应用也开始普遍，多数学校都安装有视频会议系统，可以实现和其他学校、机构组织的实时连线。

视频会议的各类系统有两种类别，有基于硬件系统的视频会议系统，也有依托于软件平台的视频会议。早期人们使用的多数是基于硬件系统的视频会议系统，人们必须移动到固定的视频会议系统房间里才能参加远程连线。近些年随着互联网通信和移动技术的发展，基于手机和 PAD 终端的视频会议软件得以发展和兴起，人们无需建设昂贵的硬件系统，就可以实现随时随地远程的视频通话需求。

基于硬件的视频会议系统，一般分为终端设备、通信网络、MCU（多点控制单元）三大部分组成。视频会议最常见的设备终端是面对用户的硬件，包括摄像头、显示图像的视频显示器等，负责实现对视音频信息采集、输出。常见的硬件视频会议解决方案有 Polycom 宝利通、华为、思科、科达等。相比较软件类的视频会议，基于硬件设备的视频会议更具备专业性和稳定性，在低带宽下的传输也比软件视频会议效果更好。

相比之下，软件类的视频会议以灵活性取胜，它们可支持用户随时随地的会议通话。软件类的视频会议有腾讯会议、Zoom、企业微信、钉钉、飞书、华为 WeLink、webex、MindLinker、微软 teams 等软件。微信视频聊天、QQ 聊天也可算是一种简单的视频会议，适合临时小范围使用。这些软件一般都有视频通讯、共享屏幕、虚拟背景等基本功能。下面列出几种视频会议软件的特点，供大家参考，见表 5-5-1 所示。

表 5-5-1　几种视频会议软件的功能特点

产品	优势
钉钉会议	➢ 需要下载注册 APP 才可以使用 ➢ 支持聊天群，且能直接从群发起会议 ➢ 企业办公协同功能较完善（如白板演示） ➢ 手机端只能支持“共享屏幕”，无法单独共享文档 ➢ 疫情期间可免费支持 302 名用户同时在线
企业微信会议	➢ 支持聊天群，能直接添加微信联系人 ➢ 支持文档演示（仅收藏或微盘的文档） ➢ 可免费支持 300 名用户同时在线
腾讯会议	➢ 支持微信小程序入会，可不用下载 APP，支持手机拨号 ➢ 功能简单明了，使用门槛低 ➢ 可支持协同编辑文档和表格 ➢ 不支持群聊，难以持续讨论和维持关系链 ➢ 免费开放 300 人不限时会议功能
ZOOM	➢ 产品定位专注于会议功能 ➢ 简单易用、稳定性好、支持多人接入，有免费版 ➢ 白板功能可支持头脑风暴、作品展示、点评指导等 ➢ 自带视频录制功能，方便回放观看 ➢ Breakout Room 支持分组讨论 ➢ 相比腾讯会议（9 人或 25 人），zoom 同屏有更多人数选择（25 人或 49 人），参会体验更佳 ➢ 可免费支持 100 名用户同时在线
MindLinker	➢ 无线投屏，桌面共享，让全员参与感、会议代入感更强 ➢ 白板及批注等功能，有利于增强会议的互动性 ➢ 支持会议整理与记录，可以提供会议的一些数据统计

二、在线会议系统的教学应用

在线会议系统是实现远程网络教育的关键环节，可以支持远程的教学演示、小组讨论，也可以支持远程的教学办公与管理。

在线会议系统也已成为各级各类学校机构的必要配置，一般用于召开线上教学与管理会议、线上研修与学术沙龙，甚至有时候用于远程的教学现场交流。

随着手机、平板等各种移动终端的普及，在线会议系统也已经成为个体随时随地开展在线学习、终身学习的重要手段。

此外，在线会议系统也有利于促进教育公平，使更多偏远地区得到优秀的教师资源和专业的专家资源。

本章小结

- 在线协作平台如 Wiki 可用于多人动态协作创作内容，教学中可用于多人共同建课，支持教师之间和学生之间的协作共创，支持师生交流反思等。
- 在线学习系统如 Schoology 可用于中小学和大学进行课程管理，学习资源分配，学习活动及结果跟踪，以及为师生之间提供交互沟通渠道。其主要的教学应用有：(1) 创建新课程、添加课程测验和材料等；(2) 成绩、出勤管理与徽章激励；(3) 链接外部工具。
- 在线测评工具如问卷星，可用于在线发布考试和作业，即时获取学生答题情况。

本章习题

简述题

1. Wiki 可以用在自己教学中的哪些地方？
2. 列出 Wiki 支持小组协作和邮件支持小组协作的不同。
3. 分析在教学中应用 Schoology 学习系统可能产生的效果、可能遇到的困难。

第六章

其他常用教学辅助技术

学习背景

前面几章我们分类介绍了在数字化资源获取，资源表达与制作，在线教学等环节可以用到的一些实用技术工具。有些技术工具在教学中主要发挥某一方面的作用，有些技术工具则适合多种教育教学情境，只要使用得当，都能达到优化教育教学实践的效果。本章将介绍思维导图工具、课堂学生行为管理工具及数据处理技术，希望您能够掌握这些工具的教学应用基本方法，并在学习过程中形成主动关注更多信息技术应用的意识，学会选择适当的技术工具加以应用。

学习目标

1. 能够为不同的教学需求制作适当的思维导图；
2. 能够使用 ClassDojo 管理班级课堂学生行为；
3. 能够使用 Excel 的“数据有效性”等功能优化教学数据录入过程；
4. 能够使用 SPSS 进行描述性统计、差异性分析、相关性分析；
5. 能够根据数据类型选用不同的可视化工具进行描述。

本章内容导图

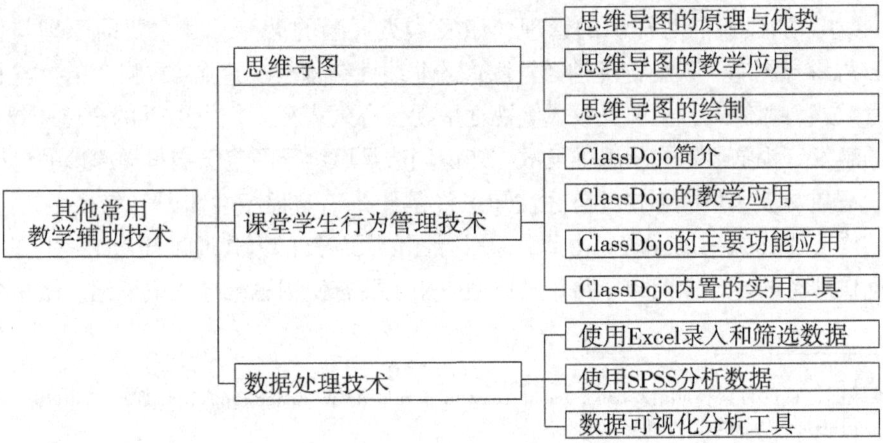

第一节 思维导图

思维导图，又叫心智图，是结合运用文字、图像、线条、符号的有效表达发散性思维的可视化工具，如图6-1-1就是以“数的整除”为主题绘制的思维导图。自20世纪70年代由托尼·巴赞（Buzan·T）发明迄今，思维导图因在思维训练、知识建构、高效记忆、问题解决等方面具有独特的优势，受到各界人士的广泛关注。目前许多国家政府部门和企业为进一步推进思维导图的高效应用，将思维导图作为国民教育（如英国、新加坡等国家）或企业入职教育的必修课程（如IBM、微软、惠普等著名公司）。①

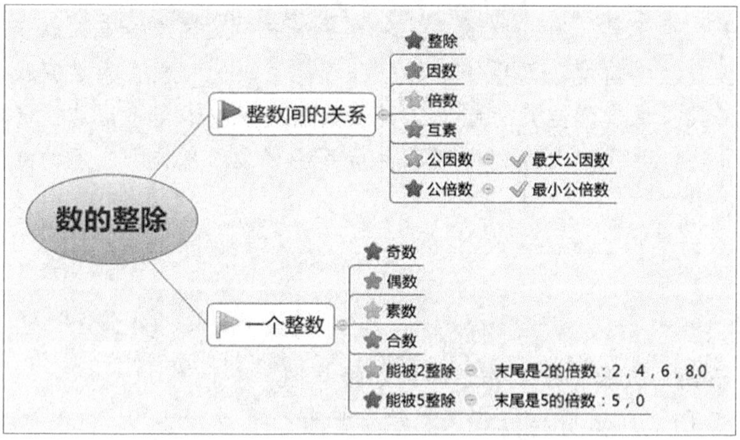

图6-1-1 “数的整除”单元内容思维导图

一、思维导图的原理与优势

思维导图通过将各级主题的关系按照层级关联的方式表现出来，使主题与图像、颜色等建立记忆链接，像人类大脑自然的思考方式一样形成放射性结构，帮助人们提高记忆、阅读和思维的能力，加强人们对知识的管理，激发人类大脑的潜能。其主要的原理与优势如下。

第一，思维导图基于人脑物理神经发散式的非线性结构与“左脑+右脑”的“全脑”思维模式，通过发散式、图像式、主次关系式等视觉呈现，有效表征人们发散性的全脑思维过程，从而促进思维的激发。头脑风暴式的思维发散与知识创造是思维导图基于脑科学原理的典型应用。

第二，思维导图不但能够描述陈述性知识（是什么）与程序性知识（怎么做），更注重对知识间关联结构（为什么）的理解。由此，思维导图以元认知的方式通过知识结构化的表征促进人们整理和优化现有的零碎知识与思路。其典型应用主要有使用思维导图记笔记、做总结等。

① 思维导图，百度百科，http://baike.baidu.com/link?url=4VWFyoMgR86pu42qdgBTikLPVitR7fb5OSkTN8khPqYiySVUNr31FqFcvg3lgx7iN_GmMGoHjV6viOzCyIdJ8a。

第三，使用思维导图，可通过新旧知识间的关联构建学习认知的意义，从而促进学生的学习迁移。由此，思维导图还常在教学中作为“先行组织者”，即形成新旧知识间的“上位”“下位”“并列”关系，促进学生的学习。

二、思维导图的教学应用

思维导图作为思维的可视化工具，在长期的教育教学应用实践中，其应用范围得以不断扩大，不仅可用于支持教师的教，也可用于支持学生的学。

1. 辅助教学设计

思维导图可以作为教师教学设计的支架，辅助教师高效整理教学设计中各流程活动，特别是在教学内容的组织与整理上，可将单节课内容、单元内容乃至整个学期课程的内容归纳整理到一个思维导图中，方便教师对课程教学的系统设计。如图 6–1–1 所示为一位小学数学教师在设计六年级《数学》（人教版）上册“数的整除”单元教学时对该单元的关键内容进行提取与归纳所形成的思维导图。教师可以通过绘制思维导图对数的类别和整数之间关系的总结，以直观的方式促进其自身对该单元内容的整体把握与理解。

2. 优化教学内容的表达

在教学中，利用思维导图展示教学内容可以增进教师的教学表达，详略得当、脉络清晰的思维导图可使学生快速看到课文体系结构，轻松掌握阅读的思路和方法，加深对课文的理解。例如小学一年级《语文》（人教版）下册课文《春雨的颜色》，通过小动物们争论春雨的颜色描绘了从不同角度看到的春雨，教师可用思维导图（如图 6–1–2 所示）清晰地展示出文章的基本脉络，为学生理解文章提供重要导向。

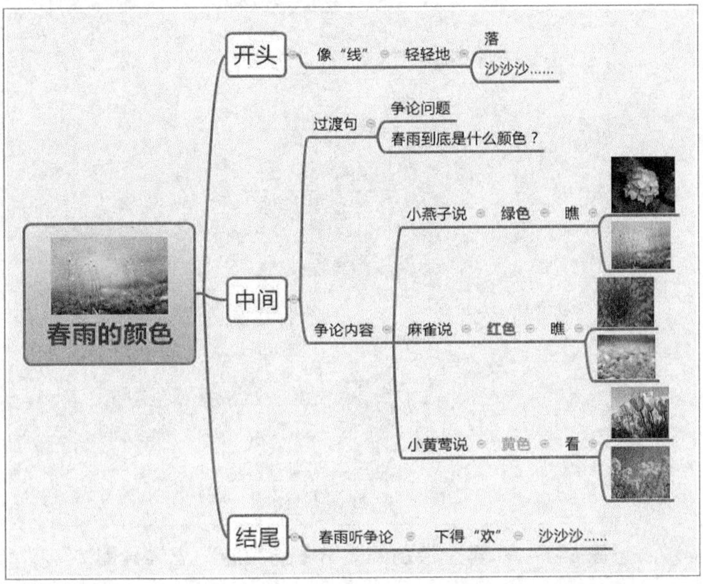

图 6–1–2　《春雨的颜色》课文脉络思维导图

3. 优化学习过程

学生通过填充或绘制思维导图来梳理与总结所学知识，理解与整合学习内容间的关联，可有效促进知识的内化与迁移，充分优化学习过程。如高中《生物（必修 1)》（人教版）“分子与细胞”的期末复习中，教师可让学生绘制该部分内容的思维导图，通过对各部分内容的不断细化，促进学生在复习中形成较为完整的知识体系，完善其对知识整理与内化的进程。如图 6-1-3 所示，学生首先根据教材的章节内容初步绘制“分子与细胞”的思维导图（标五角星的“生命活动的主要承担者”与“遗传信息的携带者”为重点、难点)，然后再具体根据各章节的重点、难点对思维导图进行细化与拓展，如图 6-1-4 所示。

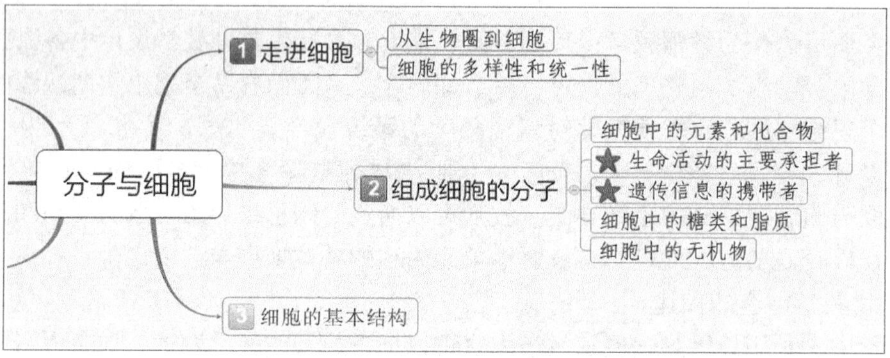

图 6-1-3　学生绘制的“分子与细胞”思维导图 1

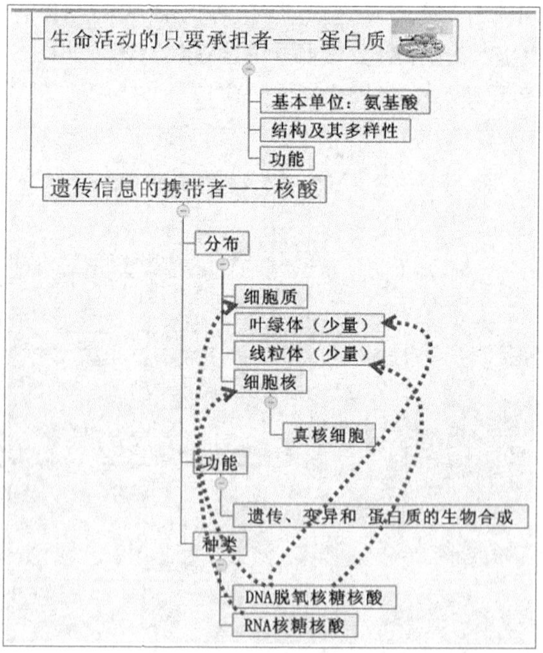

图 6-1-4　学生绘制的“分子与细胞”思维导图 2

4. 促进创作与表达

教师可将思维导图作为学生写作中审题立意、选材、构思等方面的学习支架，提高学生创作与表达的能力。如话题作文：以“仙人掌”为话题写一篇文章，除诗歌外，文体不限。根据“仙人掌”这个话题，可以以“仙人掌”为主题形成思维导图，从正反两个方面审题立意，如图 6-1-5 所示。根据文章立意引导学生自主发散思维，形成大量与话题相关的作文素材，然后进行筛选、归纳和整理，以作为文章写作的基本提纲，从而确保文章结构完整、论述清晰合理。

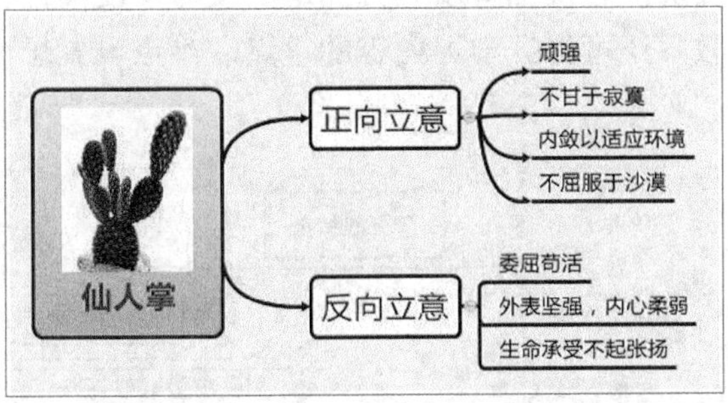

图 6-1-5　“仙人掌”话题作文思维导图

5. 支持学生的合作与交流

教师可以思维导图作为讨论交流的支架，通过拓展思维导图的方式使学生的交流讨论始终围绕讨论主题展开，从而优化学生的合作与交流。例如，在“如何培养好习惯”这一讨论主题中，教师可通过如图 6-1-6 所示的思维导图，引导学生围绕该主题展开讨论。

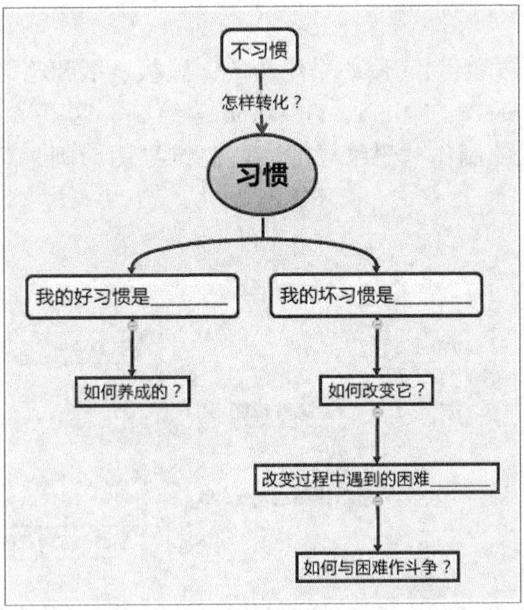

图 6-1-6　“如何培养好习惯”主题讨论思维导图

此外，在讨论中，教师还可让学生将思维导图作为分享载体，让学生个人或小组展示与分享其制作的思维导图，为其他学生或小组提供组织信息或思想、思维方式的参考，促进学生之间的交流，以形成自己的认识与理解。

6. 思维导图支持教学评价

教师可将思维导图作为学习评价的有效工具，如在高中《生物（必修3）》（人教版）中“种群的特征”一节的学习中，教师可将学生自主绘制的思维导图与教师事先绘制好的标准思维导图（如图6-1-7所示）相比照，通过思维导图的分支主题与子主题的数目、连线情况、概念关联、等级层次、实例呈示等方面从广度与深度上评估学生对该部分内容的学习与理解情况。此外，教师还可根据学习内容的重点、难点设置思维导图各部分的权重，以进一步优化教学评价。

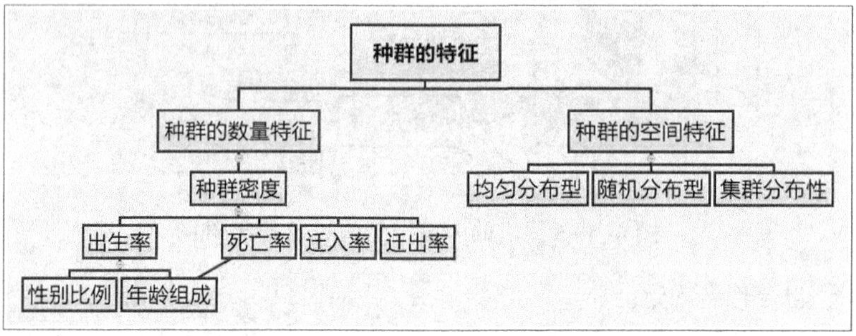

图6-1-7　“种群的特征”思维导图参考标准

三、思维导图的绘制

思维导图可以徒手方式绘制（例如采用粉笔、黑板、纸和笔等），也可使用专用的思维导图制作软件如MindManager、XMind、FreeMind等绘制。这里结合前面所学思维导图相关内容，以使用MindManager制作“思维导图”的思维导图为例，简要介绍思维导图的绘制，如图6-1-8所示。

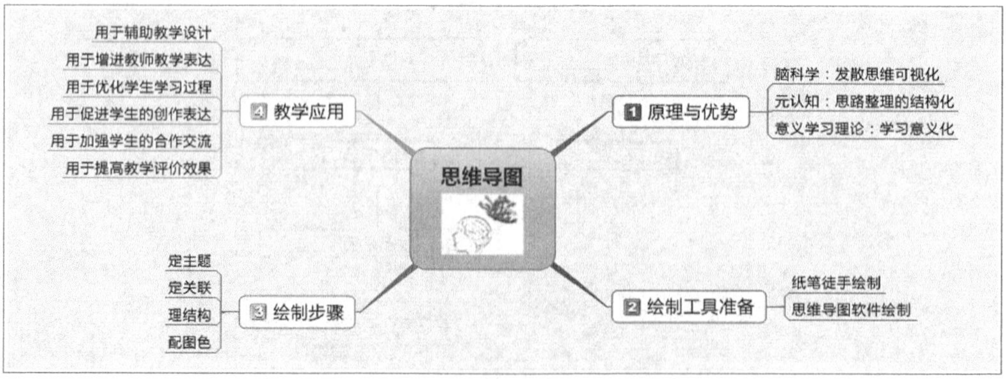

图6-1-8　思维导图绘制简介

1. 确定主题

启动 MindManager 后，在中间“核心主题”框内输入“思维导图”。

2. 确定主题之间的关联

单击选中“思维导图”，之后按“Enter”键创建各法则分支主题，如“原理与优势”，之后按“Insert”或“Tab”键为主题创建子主题，如图 6-1-9 所示。

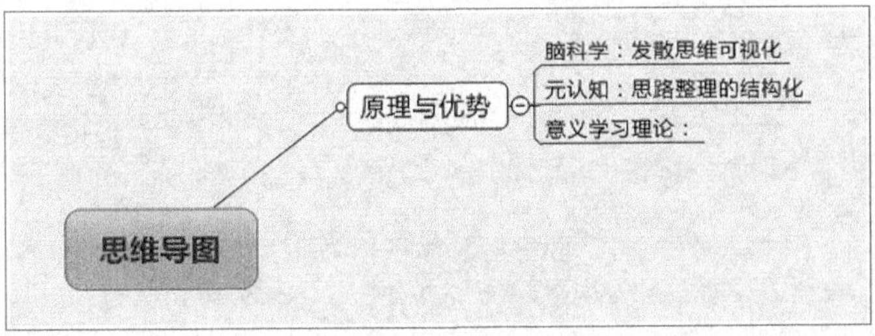

图 6-1-9　思维导图中心主题、分支主题、子主题间的关联创建

3. 梳理主题的顺序和布局

根据逻辑顺序或者个人喜好对不同分支主题进行排序与关联。选中分支主题“绘制步骤”，用鼠标将其拖拽到合适的位置，如图 6-1-10 所示；或者点击“视图”菜单栏中的“平衡图表”按钮，快速安排思维导图的整体结构，如图 6-1-11 所示。

4. 配图添色，美化思维导图

为了使思维导图的条理更为清晰、样式更加美观，以便于理解与形象化记忆，可使用“插入”功能为思维导图插入超链接、备注、标签、图片、联系、外框、概要、附件等内容，如图 6-1-12 所示。

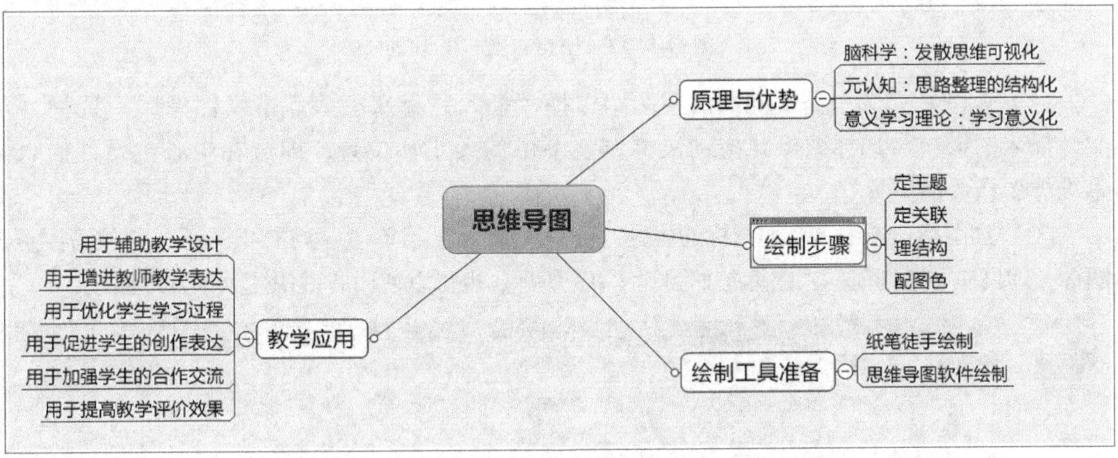

图 6-1-10　通过“拖拽”梳理主题的顺序与布局

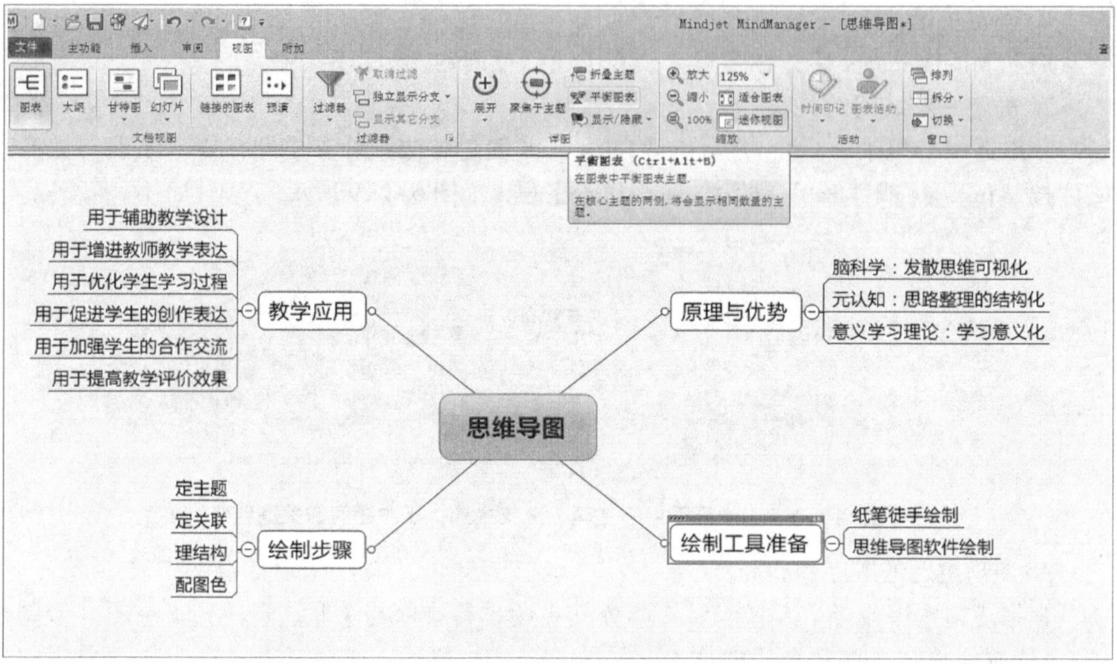

图 6–1–11　通过“平衡图表”梳理主题的顺序与布局

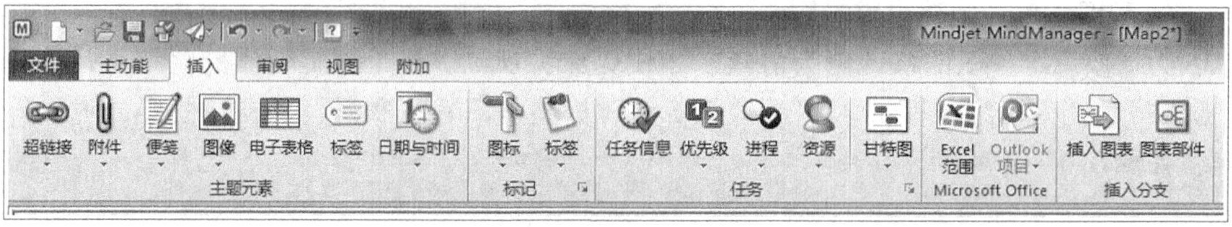

图 6–1–12　使用“插入”功能

（1）配图片：选中需要配图的主题→选择“插入”菜单栏→点击“图像”→选择“从文件插入图像”→选择图像并拖动鼠标调整图像的大小和位置，即可在中心主题处插入与思维导图相关的图片。

（2）加图标：选中需要加图标的主题→选择“插入”菜单栏→点击“图标”→按需要点击图标，即可在主题词前插入图标，如图 6–1–13 所示。也可以使用右键快捷菜单方式插入。

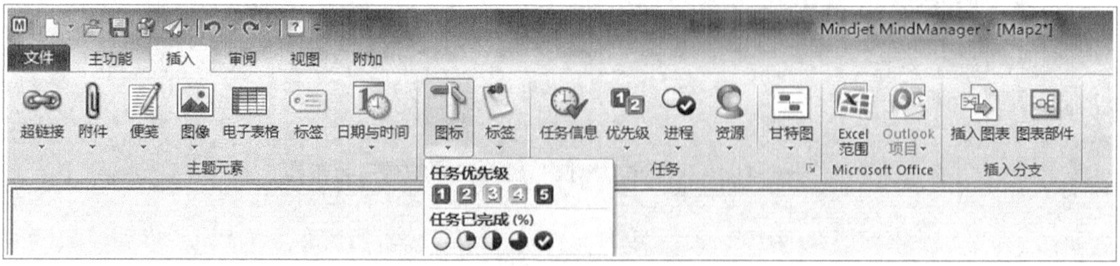

图 6–1–13　插入图标

（3）设置分支样式：

①改变分支线的粗细。选中“核心主题”→点击鼠标右键弹出快捷菜单栏→选择“格式化主题”→在“总体布局”中拖动滑块调整“重要主题线宽”等参数，如图6-1-14所示。

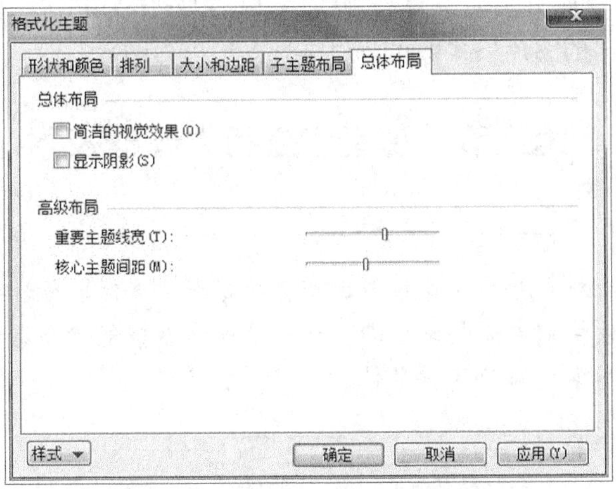

图6-1-14　修改思维导图总体布局格式

②改变分支线的颜色。选择某一分支主题（如“教学应用”）→打开“主功能”菜单栏→点击“格式”栏中的“线条颜色”，即可改变整个分支主题的线条颜色，如图6-1-15所示。

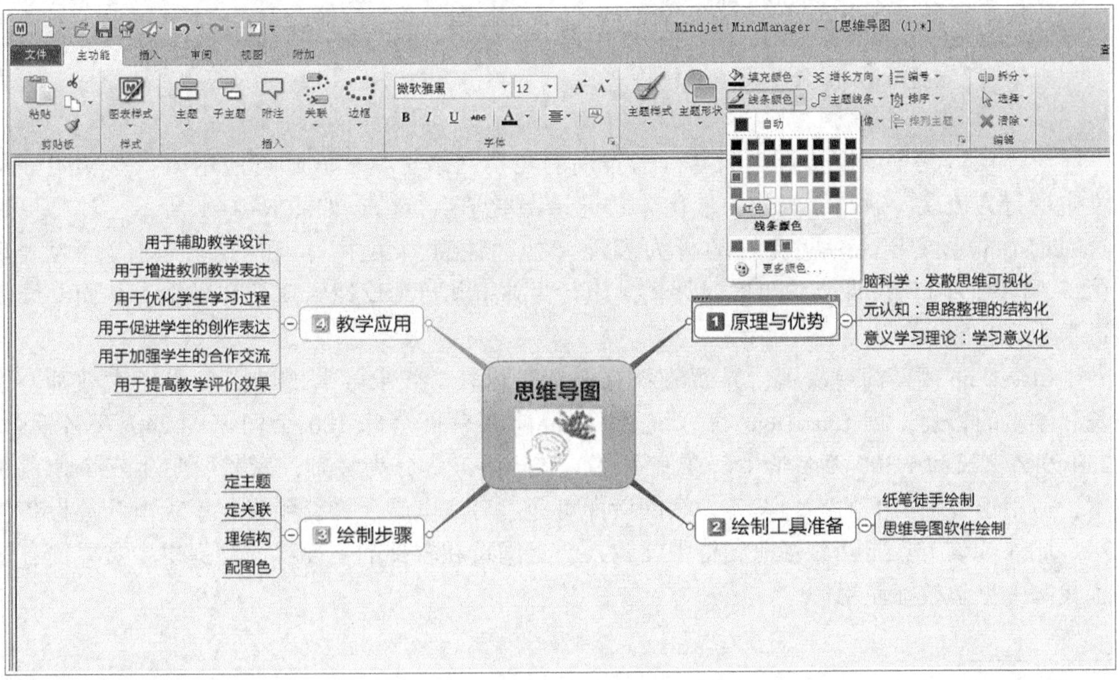

图6-1-15　修改分支线条颜色

5. 文件保存和导出

点击“文件”→“保存/另存为”命令可以将其保存为 Mindjet MindManager 文件（扩展名为 . mmap)

点击“文件”→“导出”命令将绘制的思维导图导出为 PDF、图片或其他格式，在弹出的对话框中选择导出的图片格式即可将思维导图导出为图片。

第二节 课堂学生行为管理技术

案例情境

任老师是一位信息技术教师，他每节课都需要花费很多时间管理学生行为，维护课堂纪律，有时候还因此无法按期完成教学任务，所以他非常希望能优化课堂学生行为管理，在减少管理时间的同时提高学生学习的自觉性。

案例分析与实践指南

课堂学生行为管理问题在中小学阶段尤为突出。不少教师和任老师一样，在课堂学生行为管理上花费了很多心血，却难见成效。在本案例中，任老师可以使用专门的课堂学生行为管理工具，如 ClassDojo。ClassDojo 可以对学生的良好行为、不良行为进行记录、量化、统计，帮助教师系统地管理学生的课堂行为，从而帮助教师更好地进行教学干预。类似功能的软件还有班级优化大师和 Edmodo。

一、ClassDojo 简介

ClassDojo 是一款用于管理课堂行为表现的免费网络工具，教师可使用该工具实时评估学生的行为表现，通过加减分的量化方式记录课堂学生行为，如图 6-2-1 所示，教师可通过 ClassDojo 设置定义一些良好的行为表现（如“注意力集中”）和一些不良的行为表现（如“上课吵闹”），课堂中可实时评估学生行为并将其行为反馈给家长和学生，从而共同促进学生行为的改善。

ClassDojo 因其简单易用、界面清新有趣且实际教学效果显著的特点备受广大教师、家长和学生的喜爱，据 ClassDojo 官方统计①，目前有来自全球 180 个国家的 240 万名教师、220 万名家长和 5 300 万名学生都在使用该工具。该工具分为教师、家长、学生三个角色版本，适用于各种类型的终端设备，联网后即可通过台式电脑、智能手机与平板电脑等设备使用。此外，该工具能够很好地支持中文输入，且网页和软件的主要界面均提供中文界面，便于我国中小学教师使用。

① https://classdojo. zendesk. com/hc/zh-cn。

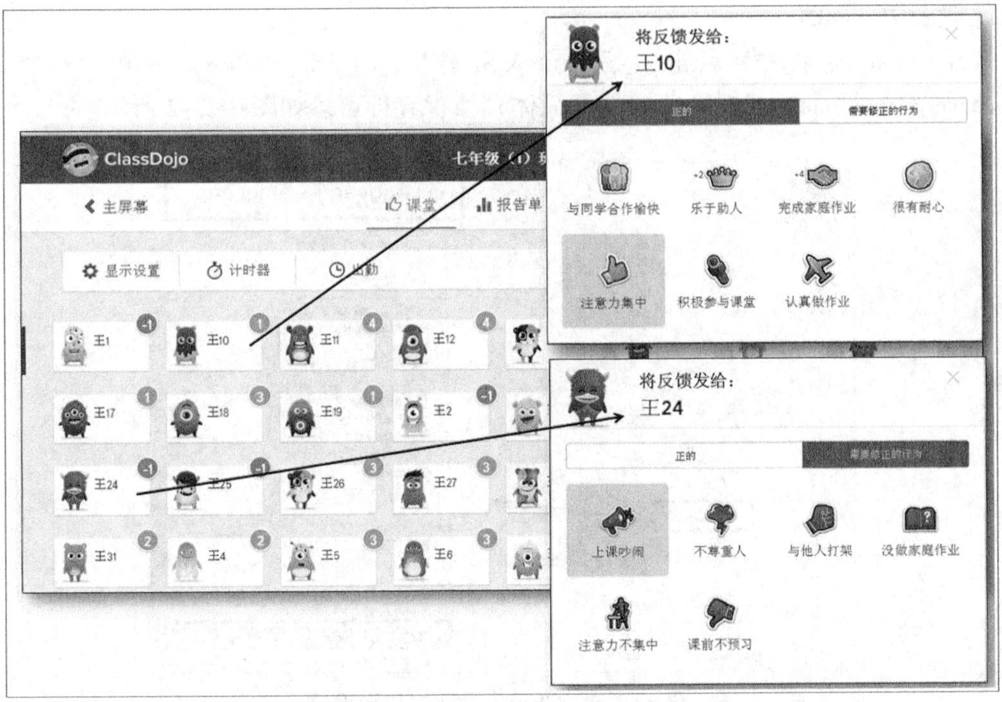

图 6-2-1　使用 ClassDojo 评估学生行为

二、ClassDojo 的教学应用

ClassDojo 的设计源于开发者对于教师课堂教学的理解，即教师需要花费大部分的时间来管理课堂，强调课堂纪律，而实际花费在教学上的时间很少。为了使教师能够将更多的精力放在课堂教学上，ClassDojo 开发者依据行为主义的强化理论，即“奖励”可增加良好行为发生的可能性，“惩罚”可减少不良行为发生的可能性，将学生的课堂行为分为积极行为与消极（待修正）行为，通过直观量化的加分奖励和减分惩罚的方式实时评价学生行为，促进学生行为表现的持续改善。围绕实时强化学生行为的基本功能，ClassDojo 还提供了与之相对应的多种实用功能，如班级名单导入，邀请学生与家长加入，自主设置积极与消极的行为表现及其分值（权重），学生行为统计报告实时生成，家校信息沟通与反馈等。

三、ClassDojo 的主要功能应用

使用 ClassDojo，首先需要在其官网 http://www.classdojo.com/zh-CN/或 App 软件中根据不同的身份注册相应的 ClassDojo 账号，之后即可开启 ClassDojo 之旅。

ClassDojo 主要的功能应用步骤为：设置中文界面；一站式创建班级与行为表现；评估学生行为；生成“行为”统计报告。

1. 设置中文界面

打开 ClassDojo 软件，点击“编辑个人资料”（Edit Profile）→在“选择语言”（Language & timezone）栏选择“中文（简体）”，保存即可。如图 6-2-2 所示。

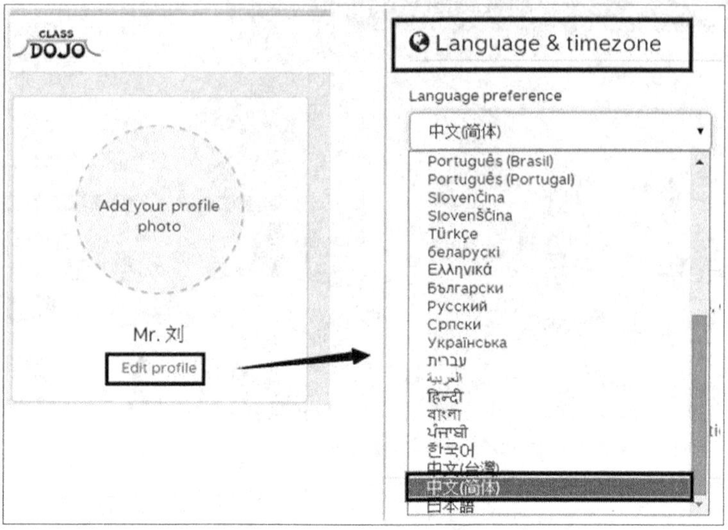

图 6-2-2　ClassDojo 中文界面设置

2. 一站式创建班级与行为表现

在 ClassDojo 主界面点击“添加您的第一个班级”→设置班级名称与年级如“七年级（1）班”→点击“复制/粘贴”按钮添加学生名单，结果如图 6-2-3 所示。点击“下一个”以编辑学生“行为”→单击某一行为如“On Task”，如图 6-2-4 所示，可根据需要将其更名如“注意力集中”，并可设置“行为”显示图片及分值→以此方法可编辑其他“行为”或者根据需要增加“行为”→点击“下一个”，选择是否将班级创建结果分享给家长和学生→点击“完成”即可。

图 6-2-3　批量添加 ClassDojo 班级学生名单

（扫描二维码，查看应用 ClassDojo 一站式创建班级与行为表现的操作步骤；扫描后，请在页面下方选择“以访客身份浏览”）

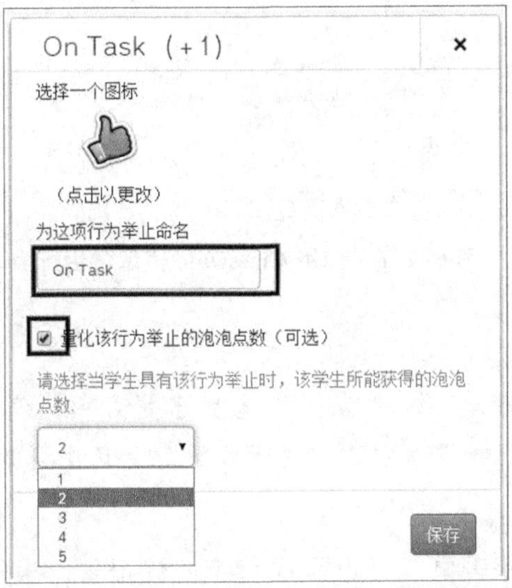

图 6-2-4　设置 ClassDojo 行为名称与分值

3. 评估学生行为

点击已创建的班级“七年级（1）班”，进入班级界面，如图 6-2-5 所示，若“王 11”完成家庭作业，单击“王 11”弹出反馈界面，如图 6-2-6 所示，单击“完成家庭作业”，则“王 11”即可获得 4 分奖励。同样，若“惩罚”学生，则在反馈界面中点击“需要修正的行为”，单击相应的行为即可。

除了奖励单个学生外，ClassDojo 还可通过“奖励多名学生”同时奖励多名学生或全班所有学生，操作方法与个人奖励相类似，即单击班级界面“奖励多名学生”按钮→选择多个或所有学生→点击“给予奖励”即可。

图 6-2-5　ClassDojo 班级界面

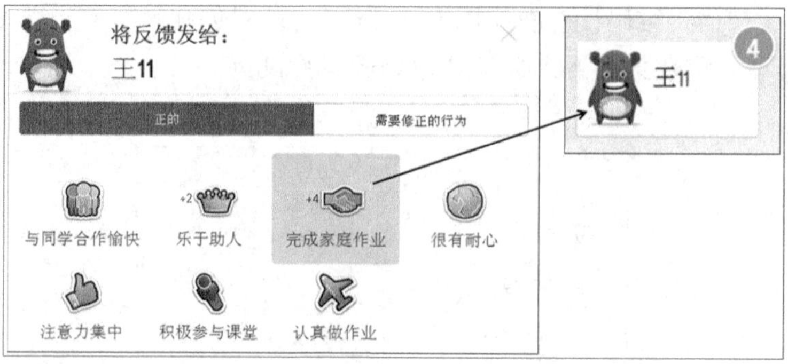

图 6-2-6　使用 ClassDojo 奖惩学生行为

应用拓展

学生的行为得分默认为合计的“总分”，教师若想直观地分别看到某一学生良好行为和不良行为的表现，可单击班级界面中的“显示设置”→选中分数泡泡栏的“单独汇总”。

4. 生成“行为”统计报告

在班级界面中单击“报告单”即可生成行为统计报告，报告单可展示某一段时间内整个班级或单个学生的行为统计情况。在单个学生的报告中，教师还可在统计报告的底端添加评语，如图 6-2-7 所示。

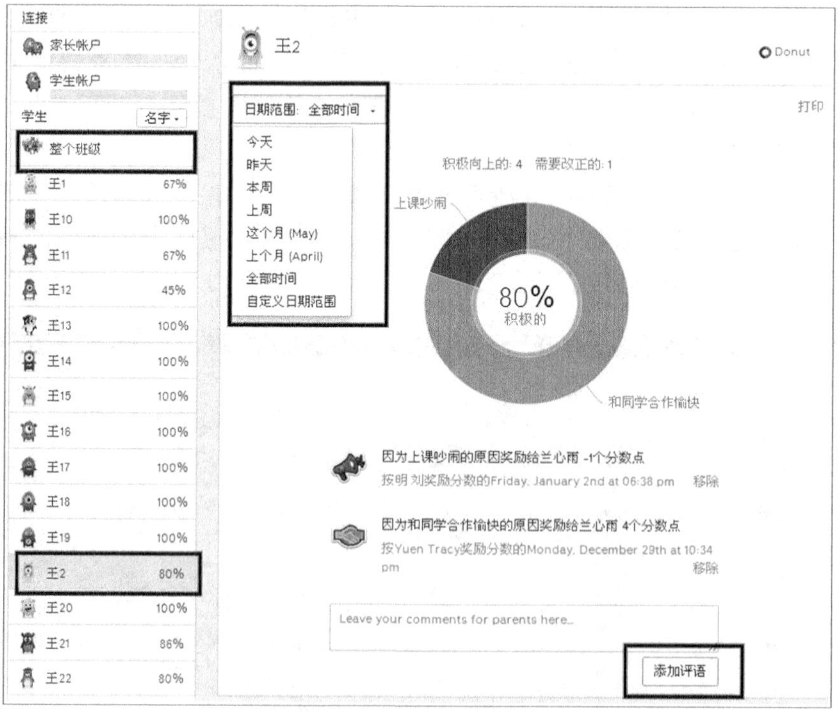

图 6-2-7　使用 ClassDojo 生成学生行为统计报告

如果需要将统计报告发给家长或学生，对方须注册相应家长和学生角色的 ClassDojo 账号，教师可通过电子邮件或者打印班级邀请函邀请家长和学生加入教师所创建的班级。

四、ClassDojo 内置的实用工具

除了以上介绍的主要教学功能外，ClassDojo 还提供了许多实用的教学小工具，如 Timer（计时器）、出勤、随机、奖励多名学生、重置分数泡泡等，如图 6-2-8 所示。以下简要介绍这些工具。

图 6-2-8　ClassDojo 班级界面内置的实用工具

（1）Timer（计时器）。单击班级界面中的“Timer”，即可开启计时器与倒计时。

（2）出勤。单击班级界面中的“出勤”，即可记录全班的出勤情况。

（3）随机。单击班级界面中的“随机”，即可由系统自动随机抽取某一学生，这一功能常用于指定学生回答问题，并给予相应的行为反馈。

（4）奖励多名学生。如果要同时评估多名学生的行为，可使用“奖励多名学生”工具，选中多名学生予以奖惩。

（5）重置分数泡泡。单击班级界面中的“重置分数泡泡”，即可对学生的总分进行重置，这样可很好地为学生提供改过自新的机会。

学习活动

注册并登录 ClassDojo 网站，导入班级学生名单，创建良好的行为和不良的行为（分别至少四种），并将不同行为按重要程度进行排序，分别将行为分值赋为 1、2、3、4。

第三节　数据处理技术

教学案例

何老师是一名初中数学教师，最近他兼任了学校教务管理工作，需要做大量的数据处理工作，并形成简要的数据分析报告。虽然何老师具备一定的数据统计基础，但他对于实际的数据处理流程还不是很清晰，而使用软件处理数据更是觉得无从下手，所以何老师很希望能加强教育教学数据处理方面实用技术的应用学习。

案例分析与实践指南

在教育教学中，教师经常需要处理和分析教学数据，如学生信息、学习成绩等。但如果

数据很多或需要进行较复杂的统计分析以进一步发现教学问题、改进教学实践、促进学生个性化成长，很多教师都会觉得十分困难。在本案例中，何老师需要做大量的数据处理工作，可使用常见的 Excel 和 SPSS 数据处理软件从三个基本环节（数据录入和筛选，数据统计，数据可视化呈现）着手。

一、使用 Excel 录入和筛选数据

Excel 是教师最熟悉的数据处理软件，因而使用 Excel 录入数据对教师来说相对比较轻松，而 Excel 自身提供的“数据有效性”“冻结窗格”“条件格式”等功能可有效支持教师准确、直观地录入大量数据。

1. 有效录入数据

通过 Excel 的“数据有效性”功能对录入的数据进行限制，可有效避免数据录入的误操作。如图 6-3-1 所示，首先选中需要设置数据有效性的表格区域，如语文、数学、外语，然后打开“数据”菜单栏→点击“数据有效性”，对数据有效性进行设置，这里语文、数学、外语的分数范围是 0 ~ 150 的整数。

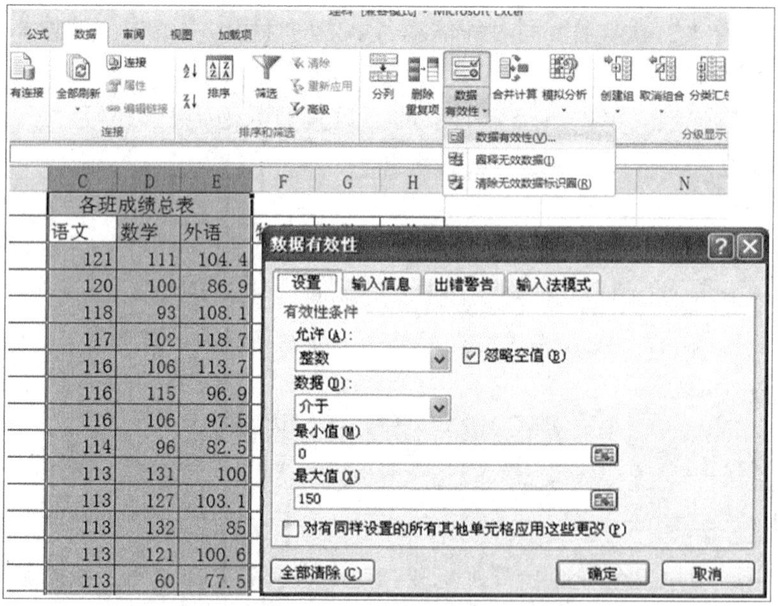

图 6-3-1　Excel 数据有效性的设置

2. 冻结窗格

“冻结窗格”功能可使教师在录入数据过程中随时看到列标题，确保录入数据与各列字段相对应。以图 6-3-2 所示的表格为例，要使表格上方两行的内容始终显示在表格页面中，位置保持不变，可选中第三行的任一单元格如 C3，点击“冻结窗格”→“冻结拆分窗格”即可。

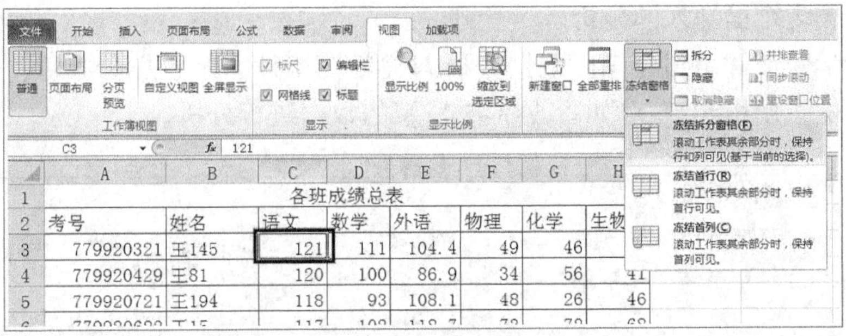

图 6-3-2　Excel 冻结窗格的应用

3. 数据筛选与识别

通过数据的筛选与识别，教师可在 Excel 表格的大量数据中直观地看到满足条件的数据，如成绩不及格或者是某一分数段内的学生，从而有针对性地改进教学方法与课堂教学活动。这时可以使用 Excel 中的“条件格式”，使 Excel 自动将满足条件的分数标识出来。这里以标识不及格学生为例，如图 6-3-3 所示，该图为将语文、数学、外语不及格的分数标识出来。

	A	B	C	D	E	F	G	H
1			各班成绩总表					
2	考号	姓名	语文	数学	外语	物理	化学	生物
3	779920321	王145	121	111	104.4	49	46	56
4	779920429	王81	120	100	86.9	34	56	41
5	779920721	王194	118	93	108.1	48	26	46
6	779920622	王15	117	102	118.7	73	72	68
13	779920414	王71	113	132	85	50	63	56
14	779920513	王73	113	121	100.6	62	49	54
15	779920103	王150	113	60	77.5	32	39	44

图 6-3-3　数据筛选与识别效果图

其操作过程如图 6-3-4 所示，具体操作为：

（1）选定要标识的区域，在 Excel 中选择“语文”“数学”“外语”三列；

（2）点击“开始”菜单栏→“条件格式”→“突出显示单元格式规则”→“小于”；

（3）在新对话框中输入条件，点击“确定”即可。

二、使用 SPSS 分析数据

数据分析特别是学生学习成绩数据的分析，是学习分析的重要环节，是教师了解学生学习情况、发现教学问题、优化教学实践的基本前提。在日常教学的数据分析中，除了使用 Excel 进行简单的平均分、总分、排名统计外，还经常会使用一些专门的一站式数据分析软件如 SPSS 对不同学习小组或不同班级的成绩差异性、不同测试题项或不同学科成绩的相关性等方面进行较为全面深入的分析。

这里以教学中最常用到的三种数据分析即描述性统计、差异性分析（一般为 T 检验）、相关性分析为例，使用 SPSS 对如图 6-3-5 所示的数据进行分析。

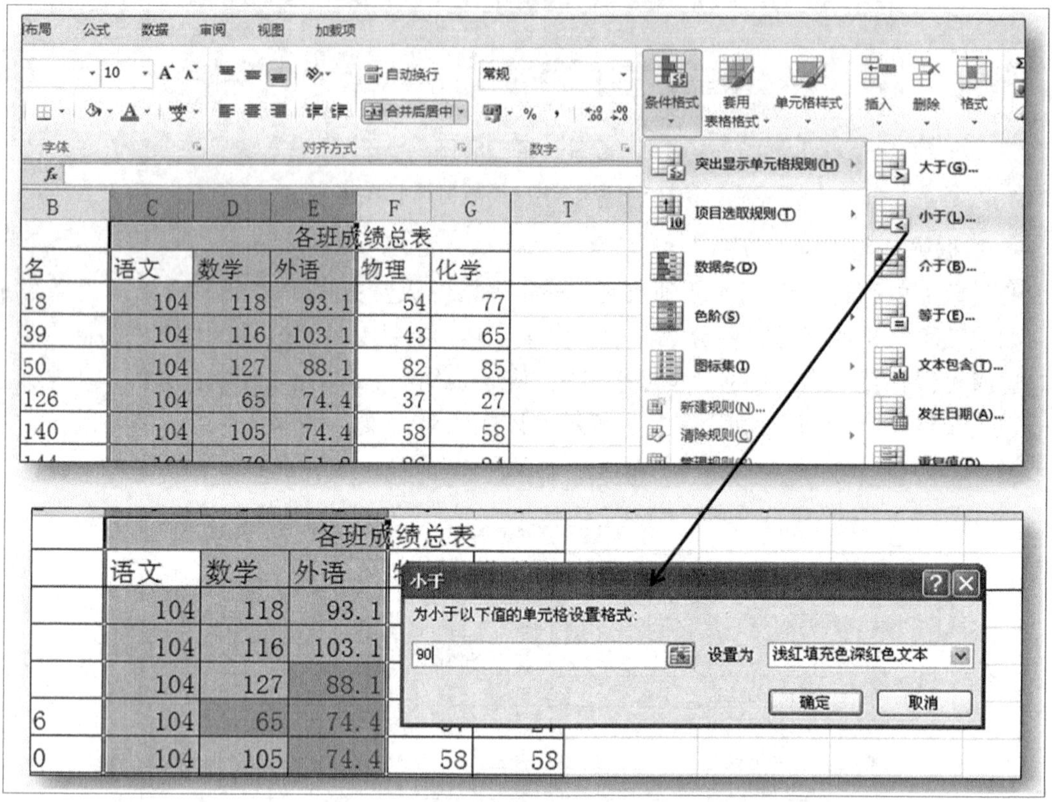

图 6-3-4　数据筛选与识别操作图

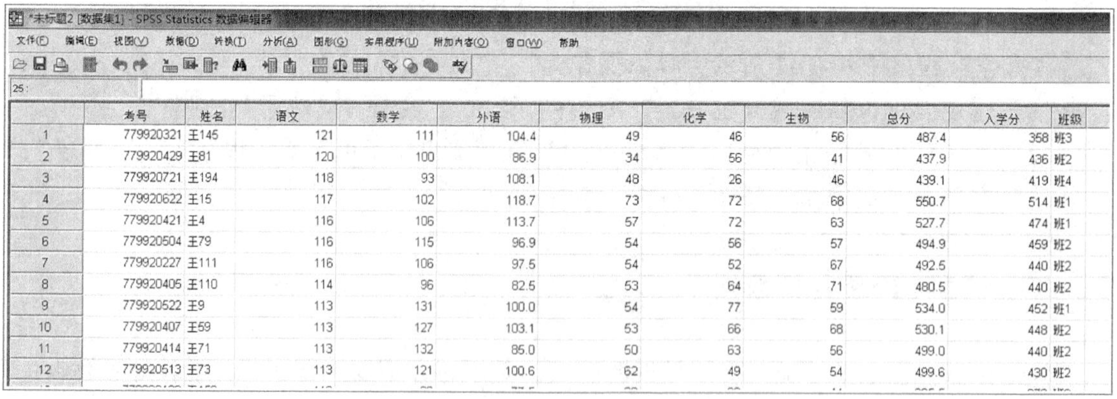

	考号	姓名	语文	数学	外语	物理	化学	生物	总分	入学分	班级
1	779920321	王145	121	111	104.4	49	46	56	487.4	358	班3
2	779920429	王81	120	100	86.9	34	56	41	437.9	436	班2
3	779920721	王194	118	93	108.1	48	26	46	439.1	419	班4
4	779920622	王15	117	102	118.7	73	72	68	550.7	514	班1
5	779920421	王4	116	106	113.7	57	72	63	527.7	474	班1
6	779920504	王79	116	115	96.9	54	56	57	494.9	459	班2
7	779920227	王111	116	106	97.5	54	52	67	492.5	440	班2
8	779920405	王110	114	96	82.5	53	64	71	480.5	440	班2
9	779920522	王9	113	131	100.0	54	77	59	534.0	452	班1
10	779920407	王59	113	127	103.1	53	66	68	530.1	448	班2
11	779920414	王71	113	132	85.0	50	63	56	499.0	440	班2
12	779920513	王73	113	121	100.6	62	49	54	499.6	430	班2

图 6-3-5　已完成录入的 SPSS 数据表

应用拓展

本书主要关注SPSS在教学研究中的实际应用，对一些专业术语（如差异显著、置信区间、假设检验、标准误差等）的具体含义并不作详细解释，读者若感兴趣，可通过百度、必应等搜索引擎网站自行查阅。

1. 描述性统计

描述性统计是指对数据进行一般性的统计，如统计所有学科的平均分、最大值、最小值等基本数据，方便教师对数据的整体情况进行基本认识。

这里以获取所有学生各科成绩的基本情况为例，介绍描述性统计的主要操作流程。

（1）点击“分析”菜单→“描述统计”→“频率”，如图6-3-6所示。

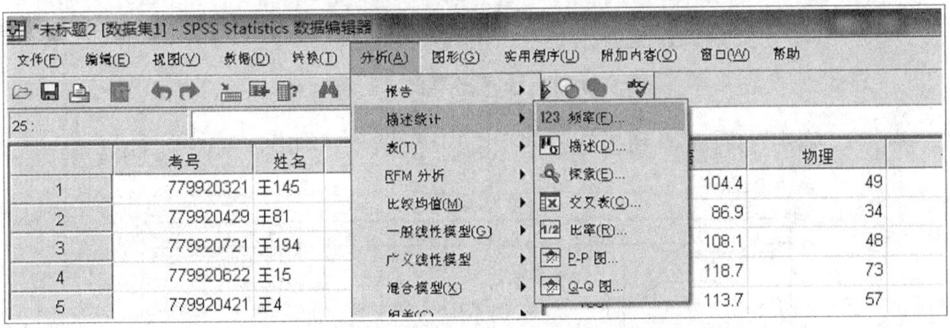

图6-3-6 “频率”的描述性统计

（2）在新对话框中，将左边候选变量框中的学科名“语文”“数学”“外语”“物理”“化学”“生物”添加到“变量”选择框中，如图6-3-7所示。

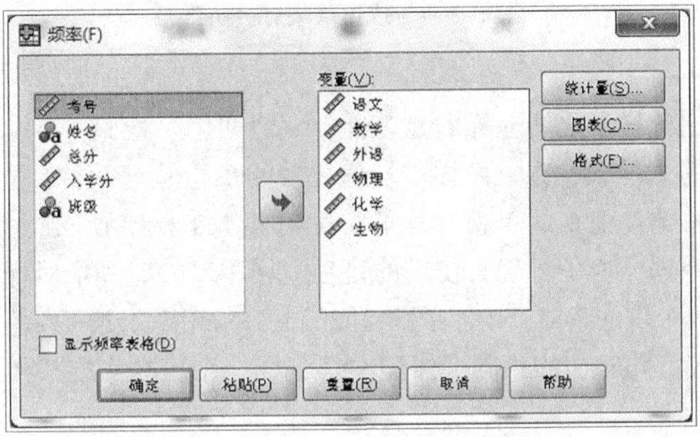

图6-3-7 添加要描述的变量

（3）点击“统计量”，在新打开的对话框中，勾选需要整理的数据选项，然后点击“继续”，如图6-3-8所示。

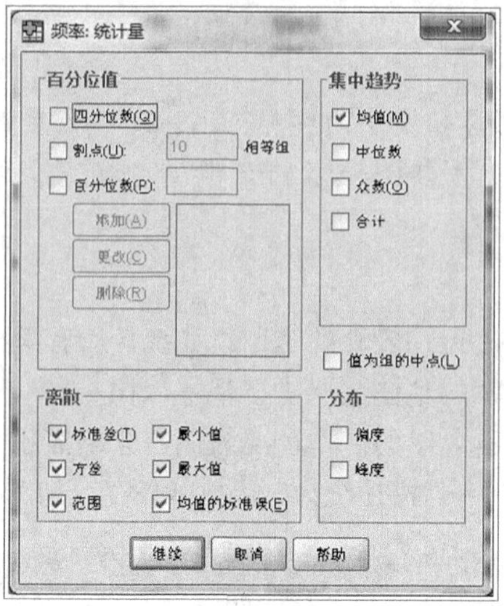

图 6-3-8　选择需要描述的统计量

（4）点击“确定”后，得到描述性统计的分析结果，如图 6-3-9 所示。

统计量

		语文	数学	外语	物理	化学	生物
N	有效	264	264	264	264	264	264
	缺失	16	16	16	16	16	16
均值		96.55	94.43	82.033	46.73	53.21	51.75
均值的标准误		.652	1.416	1.2327	1.121	1.035	.835
标准差		10.592	23.000	20.0283	18.215	16.820	13.567
方差		112.195	529.006	401.131	331.779	282.911	184.076
全距		52	140	125.6	103	93	78
极小值		69	0	.0	0	0	0
极大值		121	140	125.6	103	93	78

图 6-3-9　描述性统计分析结果

2. 差异性分析——T 检验

差异性分析即比较样本之间差异的显著性，一般使用 T 检验。T 检验共有四类：样本均值与总体均值比较的 T 检验、独立两样本均值比较的 T 检验（简称独立样本 T 检验）、配对设计的差数均值与总体均值 0 的 T 检验（简称配对样本 T 检验）、独立两样本几何均值比较的 T 检验。在教学数据分析中，经常使用的是独立样本 T 检验和配对样本 T 检验。独立样本 T 检验一般用于不同个体的样本（如实验班和对照班的成绩）之间的差异分析；而配对样本 T 检验一般用来比较不同时期的相同个体样本（如同一个班在实施某种教学方法前后的两次成绩）间的差异性。

以入学分和期末总分的差异性对比分析为例，为探究学生成绩是否受到学生在校学习的影响，需要对比同一样本的前后成绩（前：入学分；后：期末总分）的差异，采用配对样本 T 检验。具体操作如下：

（1）打开 SPSS 软件，将 Excel 表导入，点击“分析”→“比较均值”→“配对样本 T

检验”，如图 6–3–10 所示。

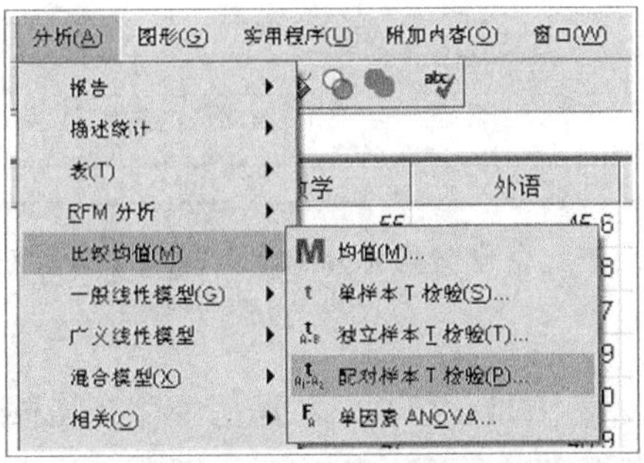

图 6–3–10　“配对样本 T 检验”的均值比较

（2）在新对话框中，将左边候选变量框中的“总分”与“入学分”添加到右边的选择变量框中，如图 6–3–11 所示。

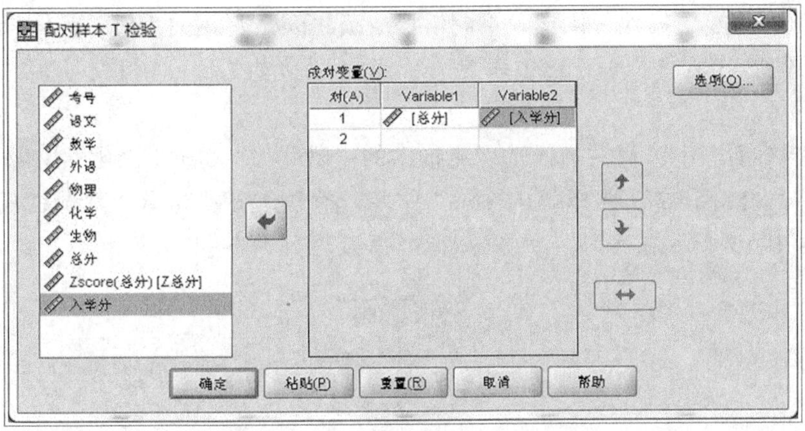

图 6–3–11　添加需要比较的变量

（3）点击“选项”，将“置信区间”设置成 95%，然后点击“继续”，如图 6–3–12 所示。

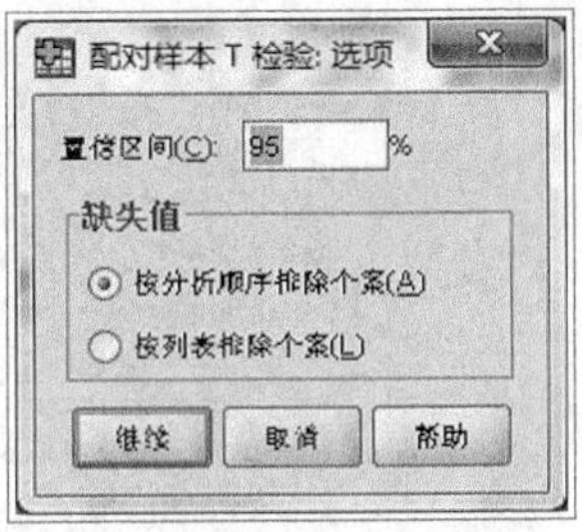

图 6–3–12　设置 T 检验的置信区间

（4）最终结果如图 6–3–13 所示。在差异性分析中，主要关注参数是渐进性显著即“Sig（双侧）”，一般把置信区间设为 95%，当 Sig<0. 05 时，说明二者差异显著；而当 Sig<0. 01 时，则说明二者的差异非常显著。由图 6–3–13 可以发现 Sig<0. 01，即说明入学分和总

分的差异非常显著，学生的成绩明显受到其在校学习的影响。

成对样本检验

		成对差分					t	df	Sig.(双侧)
					差分的 95% 置信区间				
		均值	标准差	均值的标准误	下限	上限			
对 1	总分 - 入学分	18.0425	42.9546	2.6952	12.7346	23.3504	6.694	253	.000

图 6-3-13　入学分与总分的配对样本 T 检验统计结果

3. 相关性分析

相关性分析是研究两个变量（如 a 和 b）之间是否存在某种依存关系，并针对具体有依存关系的变量探讨其相关方向以及相关程度，相关性分析以相关系数 r 表示。$-1\leq r\leq 1$，r 为正，则说明为正相关，表示两个变量的变化方向一致，即 a 越大，b 也越大；r 为负，则为负相关，表示两个变量变化方向相反，即 a 越大，b 越小。相关性分析包括双变量相关、偏相关、距离相关，其中双变量相关只涉及两个变量之间的关系或者是多变量的两两之间的关系。

以探究学生数学、物理、化学等不同学科成绩之间是否相关为例，具体操作如下：

（1）打开 SPSS 软件，将 Excel 表导入，点击“分析”→“相关”→“双变量”，如图 6-3-14 所示。

（2）在新对话框中，将左边候选变量框中的“数学”“物理”“化学”添加到右边的选择变量框中，“相关系数”选择“Pearson”，“显著性检验”选择“双侧检验”，点击“确定”，如图 6-3-15 所示。

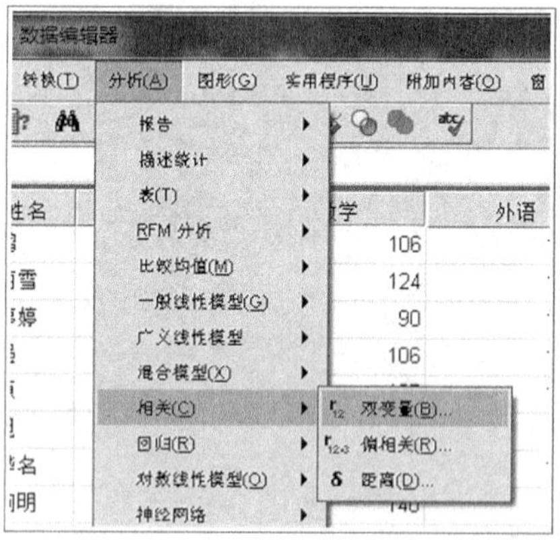

图 6-3-14　双变量的相关性分析

图 6-3-15　选择需要分析相关性的变量

（3）分析结果如图 6-3-16 所示。在相关性分析中，主要关注的参数是 Pearson 相关性（r），$r\geq 0.8$ 为高度相关，$0.5\leq r\leq 0.8$ 为中度相关，$0.3\leq r\leq 0.5$ 之间为低度相关，$r<0.3$ 则

相关关系极弱可视为不相关。由图 6-3-16 可以看出，三科成绩之间的相关系数均大于 0.5，且其显著性 P① 均小于 0.01，相应的相关系数右上角标注有“ * * ”，则显示为显著相关的。

相关性

		数学	物理	化学
数学	Pearson 相关性	1	.609**	.640**
	显著性（双侧）		.000	.000
	N	264	264	264
物理	Pearson 相关性	.609**	1	.585**
	显著性（双侧）	.000		.000
	N	264	264	264
化学	Pearson 相关性	.640**	.585**	1
	显著性（双侧）	.000	.000	
	N	264	264	264

**. 在 .01 水平（双侧）上显著相关。

图 6-3-16 数学、物理、化学不同学科成绩的相关性分析

知识链接

近年来，“大数据”（big data）在学习分析、教育教学评价中的功能与作用受到了越来越多的重视。大数据并不只是一个单纯描述数据数量之巨大的概念，同时意味着数据来源的多样化、数据类型的多元化，以及在数据处理与分析层面的大容量与高速度。更为重要的是，大数据分析立足于对大量数据的深度挖掘与科学分析，寻求数据背后的隐含关系与价值，使得人们可以从基于小样本数据的推测或基于感性的偏好性选择转向基于数据分析与理性证据的决策，可见大数据在本质上已经转化为一种新的思维方式、一种新的问题解决方法。越来越多的教育机构与研究者开始关注大数据在教育教学改革与发展尤其是教育教学评价与学习分析中的应用价值。例如，如何对全体学生的学习过程与成效进行全方位、全程化的分析与评价，以便教师准确、及时地了解每一位学生的个性化需求，为教师的教学改进提供有针对性的建议，同时通过适当的学习反馈支持学生的自主学习，从而促进全体学生的全人化与个性化发展，是教育领域大数据分析的主要目标。

一个大数据应用的例子是，在以往的网络学习中，一些学习平台会定期给学生推送提醒邮件，这些邮件内容都是一样的。现在依托大数据分析，可以通过对学生学习行为数据的分析，得出每个学生的学习习惯、学习困难，进而对每个学生推送不一样的包含个性化指导内容的邮件提醒。这样一来，老师便可针对每个学生的情况展开有针对性的指导。

① P 值（P-Value，Probability，Pr），即概率，反映某一事件发生的可能性大小，是统计学进行检验决策常用的一个依据。统计学根据显著性检验方法所得到的 P 值，一般以 $P < 0.05$ 为显著，$P<0.01$ 为非常显著，其含义是样本间的差异由抽样误差所致的概率小于 0.05 或 0.01。

三、数据可视化分析工具

除了数据的录入和统计外，如果教师需要形成一定的分析报告，还需要对数据进行可视化处理，也就是形成图表。所谓“一图胜千言”，有时候分析报告只用数字表达不够直观形象，而以图表的方式呈现则会明了许多。一般的数据处理软件都具有可视化分析功能，如上文介绍的 Excel 和 SPSS。其中 Excel 自身就是一款非常强大的可视化分析工具，使用 Excel 形成的图表在配色、样式和功能等方面的优势要比 SPSS 突出许多。这里就以 Excel 为例说明可视化分析的应用实践。

Excel 共有 11 种不同类型的图表，分别是柱形图、折线图、饼图、条形图、面积图、散点图、股价图、曲面图、圆环图、气泡图和雷达图，如图 6-3-17 所示。

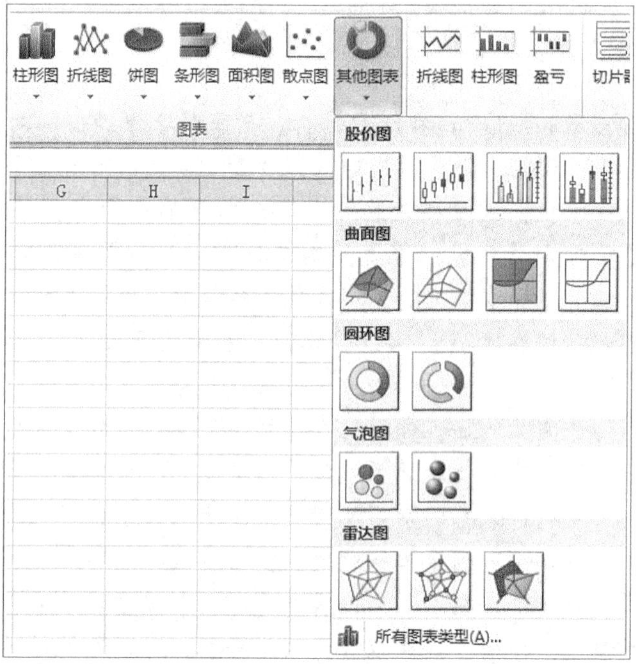

图 6-3-17　Excel 可生成的图表类型

不同类型的图表在应用优势上各具特色，例如，柱形图和条形图更便于观察不同数据类目间的差异，多用于比较数据项之间的差异；饼图多用于显示组成数据系列的各数据项与数据项的总和，强调整体中各组成部分占总体百分比时比较适用；折线图多用于反映事物的变化趋势、发展的情况。

Excel 中生成不同图表的操作方法大致相同。这里以可视化展示各班总分的平均分为例，简要说明柱形图生成的操作方法。

（1）选择数据区域，点击“插入”→“插入柱形图”，选择需要的图形，如图 6-3-18 所示。

（2）创建好图表后，可根据实际情况使用“图表工具”（“设计”“布局”“格式”）修改图表的显示属性，如图 6-3-19 所示，左边为默认的图表，通过修改“图表布局”“图表样式”“图表标题”“网格线”，以及改变文字的字体大小和字体类型等方式，形成右侧更为直观的图表。

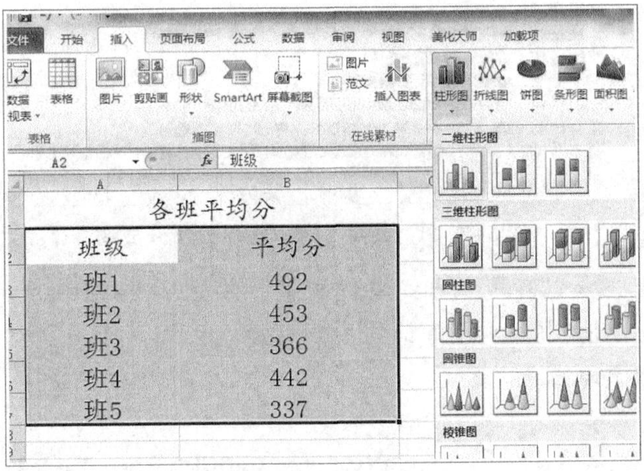

图 6-3-18　插入柱形图

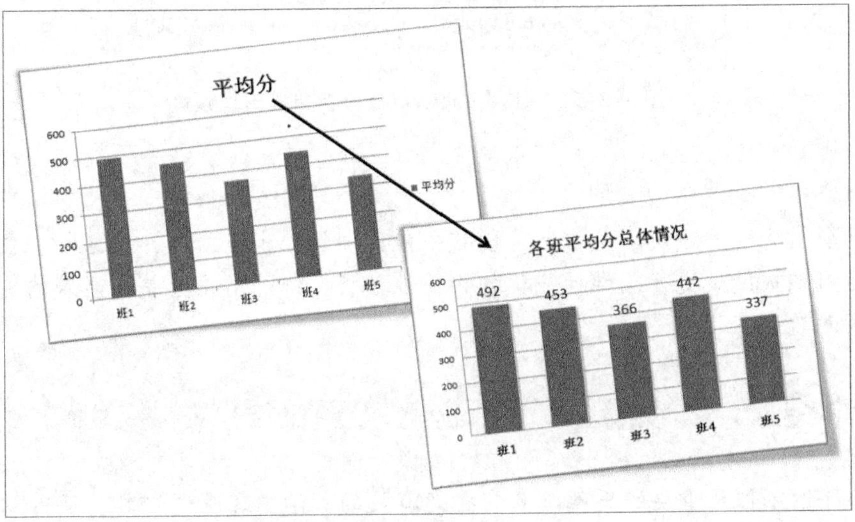

图 6-3-19　设置图表的显示属性

知识链接

除了对数字类型的数据进行可视化分析外，还可对文本类型的数据进行分析。主要方法有以下几种：

（1）使用质性材料分析工具 MAXQDA（支持中文）对调查问卷的开放题进行分析，如图 6-3-20 所示为“学生对课程评价方式的建议”分析结果。

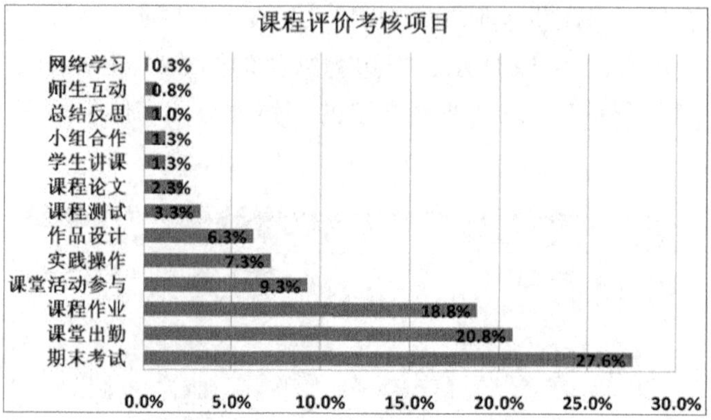

图 6-3-20　使用 MAXQDA 分析开放题

(2) 使用标签云工具以可视化方式呈现文字，如图 6-3-21 为使用 TagCrowd 软件（不支持中文）分析一则 NBA 新闻①内单词的出现频度。如图所示分析结果中，单词字体越大说明在原文中出现频率越高。

图 6-3-21　使用 TagCrowd 分析单词出现频度

学习活动

以自己所授学科的一次测验为例，创建一份详细的学生成绩表，包括每一位学生的各题得分，然后对该成绩表进行差异性分析和相关性分析，统计出得分差异显著的测验题和显著相关的不同测验题。

本章小结

- 思维导图不但是重要的思维工具，也是有效的教学内容表达工具，还可以用于支持学生的合作与交流。
- ClassDojo 是一个专门的课堂学生行为管理工具，教师可以利用该工具设置、评价需要管理的课堂学生行为，并进行相关分析，有利于课堂学生行为的优化。
- 数据具有相关的客观性，数据分析与可视化技术为教师评价学生的学习效果、反思教

① http://sports.yahoo.com/news/as-the-clippers-and-spurs-head-to-game-7--doc-rivers-urges-playoff-reform-093200438.html。